重庆市出版专项资金资助

中国非物质文化遗产通识读本

书卜大传承

宋兆麟 张明希 著

十二生肖

重庆出版集团 重庆出版社

U0625139

图书在版编目(CIP)数据

十二生肖 / 宋兆麟,张明希著. —重庆:重庆出版社,2019.2 (2024.1重印)
ISBN 978-7-229-13968-1

Ⅰ.①十… Ⅱ.①宋… ②张… Ⅲ.①十二生肖—通俗读物 Ⅳ.①K892.21-49

中国版本图书馆 CIP 数据核字(2019)第 189828 号

十二生肖
SHIER SHENGXIAO
宋兆麟 张明希 著

丛 书 主 编:王海霞 徐艺乙
丛书副主编:邰高娣
丛 书 策 划:郭玉洁
责 任 编 辑:李云伟
责 任 校 对:杨 婧
装 帧 设 计:重庆出版社艺术设计有限公司

重庆出版集团 出版
重庆出版社
重庆市南岸区南滨路162号1幢 邮政编码:400061 http://www.cqph.com
重庆出版社艺术设计有限公司制版
三河市南阳印刷有限公司印刷
重庆出版集团图书发行有限公司发行
E-MAIL:fxchu@cqph.com 邮购电话:023-61520646
全国新华书店经销

开本:710mm×1000mm 1/16 印张:7 字数:120千
2021 年 6 月第 1 版 2024 年 1 月第 2 次印刷
ISBN 978-7-229-13968-1
定价:39.00元

如有印装质量问题,请向本集团图书发行有限公司调换:023-61520678

目录 CONTENTS

说起天干地支，总认为它与社会生活有一定距离，它似乎是上层人物的语言，属于统治者或其祭司的语言，但说起生肖来，就离人们近多了，也不神秘了，而是亲切得多，这就是十二生肖的魅力。

自从正式的文字记载——甲骨文——出现以后，就有了天干地支的记录，但甲骨文并不是民众的记事工具，而是祭司为帝王占卜后在骨甲上留下的记录，它是商代统治者及其助手大巫们的记录方式，并不为人民大众所掌握，当然他们也不识辨它。但是广大民众无时无刻不与时间打交道，日出日没，一天有十二个时辰，一天接一天，一个月有三十天，一年有十二个月，一个人一生又有好几十年时间，广大民众是怎么记录时间的呢？当然不是甲骨文，而是无文字记录的方式，即口传心记，也一代代传承下来。他们可能不懂天干地支为何物，但他们利用自己熟悉的动物，记录时辰，记录日子，记录月份，也可记录属相，从而也能算出自己的年龄……这些记录不是别的，乃是民间大众的记录方式，是远古的非物质文化即生肖。

生肖是何时产生的？仅从文献记录判断是不够的，因为民众的语言、风俗向来不为祭司们所重视，所以未进入甲骨文记录，但生肖中已有龙，说明生肖的出现，不会太早，也不会太迟，因为生肖中的动物基本为原始人所驯育，而龙也是原始人所信仰的对象，也就是它产生于新石器时代晚期，到了汉代才为文人纳入自己的文献记载之中。

不可否认，生肖是广大民众的语言方式，在民间使用更加广泛，它可以纪时，也可纪月、纪年，还可以纪属相。一旦生肖与地支结合起来，上下结合，互为补充，更加活跃了生肖的使用范围。首先它在古代文学中广泛应用，如诗歌、散文、小说、故事、传说中，处处可见。其次，它在当时绘画、雕塑、工艺品中也常用不鲜。第三，生肖多为远古时期的信仰，特别是动物崇拜、图腾信仰。此外，生肖也是一种民俗文化事象，家喻户晓，妇孺皆知。这一点在南朝诗人沈炯的《十二属诗》中得到了生动的描述：

> 鼠迹生尘案，牛羊暮下来。
>
> 虎啸坐空谷，兔月向窗开。
>
> 龙隰远青翠，蛇柳近徘徊。
>
> 马兰方远摘，羊负始春栽。
>
> 猴栗羞芳果，鸡跖引清杯。
>
> 狗其怀物外，猪蠡宵悠哉。

生肖是中国传统文化的有机组成部分。尽管中国已在转型，许多传统文化正在萎缩，甚至消失，但是生肖文化还活在人们的心中，还与每个人发生着密切的关系。为了记住、了解十二生肖文化，深入进入我国传统文化之门，掌握中华民族的心理和脉络，我们编了《十二生肖》一书。除前言外，共写了九章：一、生肖的起源；二、生肖小史；三、生肖简介；四、生肖的功能；五、不同质地的生肖；六、生肖的节日；七、著名的生肖传说；八、生肖流行语；九、人生礼俗中的生肖。书中除了应用一定文字加以说明外，还配备了大量插图，使本书文图并茂，以文释图，更加通俗易懂，为广大读者所喜欢。

生肖的起源

生肖是我国传统文化的重要内容，历史悠久，内涵丰富，但是它是怎么起源的呢？说法极多，主要有以下说法。

（一）起源于黄帝

从文献上看，出现较晚。五代蜀地人马鉴在《续事纪》中认为"黄帝立子丑十二辰以名月，以名兽配十二辰属之"。

黄帝是远古的传说人物，中国人又有一个习惯，无论是古代什么发明，都会打破砂锅"纹"（问）到底，而且最终都认为是黄帝的发明。其实这只是一种传说，不足为奇。远在仰韶文化，河南郑州已出现了一日分为十二辰的彩陶，说明十二辰由来要早于黄帝。至于十二生肖，目前也只能找到春秋战国时期的物证，可能与黄帝无涉。但民间有不少玉皇大帝发明十二生肖的传说，这也不是历史。

（二）起源于后汉

清代人赵翼在《陔余丛考》卷三之中认为"十二属相之起于东汉无疑"。

赵翼的观点流行较广，相信者也不少。但是历史说明，尤其考古资料证实，生肖应该起源于东周，即春秋战国时期，形成于秦汉之初，到了东汉时期已经定型。从这种意义上说，生肖完善于东汉，还是有道理的。

（三）生肖与地支同源说

我国应用干支纪年由来已久，当起源于史前，商代甲骨文中已经有干支。干支分两种：一种是天干，包括甲、乙、丙、丁、戊、己、庚、辛、壬、癸。一种是地支，包括子、丑、寅、卯、辰、巳、午、未、申、酉、戌、亥。利用干支纪年，是取十天干、十二地支，互相搭配，阳干对阳支，阴干对阴支，由甲子乙丑，一直排到癸亥为止，正好六十对，正好干、支均用最末一位，再排便是重由甲子开始，这一循环称为"甲子"、"花甲子"、"六十甲子"。干支可以纪年、纪月，也可以纪日。

由于商代已经有比较成熟的干支，而生肖则形成于东周时期。说明生肖晚于干支，因此生肖与干支同源说站不住脚。但有一种可能，干支为社会上层和祭司使用的纪年方法，一般民众并不使用，也不识字，他们很可能利用动物纪年，因动物好记，好用，好传播，这可能是生肖的一个源头。

（四）西来说

主张这种说法的也大有人在。一位是黄文弼，他在《西北史地论丛》中说，自从西汉武帝派张骞通西域后，才从西方带来了生肖纪年方法。郭沫若在《甲骨文字研讨·释支干》中说："十二生肖像于巴比伦、埃及、印度均有之。然均不甚古，无出于西纪后百年以上者。意者此始汉时西域诸国，仿巴比伦之十二宫而制定之，再向四面传达者也。"对上述说法，有两点值得研究：

一是时间矛盾。生肖在非洲和亚洲西部早已有之，中国也有，但都在张骞通西域之前，然而中国生肖在商周时期已有之，大大早于西汉时期，说明把生

四羊方尊　青铜器　商周时期

陕西宝鸡益门村春秋墓出土虎形玉佩

肖归于西方文化东传所致，不能成立。事实上，人类文明起源是多元的，如生肖就是如此，绝不是起源于一地、一国。

二是各国的生肖内容不一样，就是在中国各民族中生肖内容和排序也不一样。如：

西双版纳傣族生肖为鼠、黄牛、虎、兔、大蛇、蛇、马、羊、猴、鸡、狗、象。从中看出，该族以黄牛代替牛；以大蛇代替龙；以象代替猪。因为当地多蟒（大蛇）、有象，所以其生肖有地方特点。

凉山彝族的生肖为鼠、牛、虎、兔、龙、蛇、马、羊、猴、鸡、狗、猪。但岁首各地彝族支系不同，有的地方以马为岁首，有的地方以羊为岁首，有的地方以猴为岁首，有的地方以虎为岁首。

纳西族生肖秩序也不大一样，具体指猴、鸡、狗、猪、鼠、牛、虎、兔、龙、蛇、马、羊等。

（五）来源于游牧民族说

此说还是赵翼，他在《陔余丛考》中说："盖北俗初无所谓子丑寅之十二辰，但以鼠、牛、虎、兔之类分纪岁时，浸寻流传于中国，遂相沿不废耳。"而生肖先为北方游牧民族所用，后来传到中原地区。

虎 布贴 湖北

这种说法是否能成立呢？必须进行一些分析。

生肖纪年，是历法内容之一，它虽然基本起源于动物，但这些动物均为农牧业部落所共有，如牛、马、羊，游牧民族有，农业部落也早已饲养，仅从这些动物分析，还不能说是从游牧民族发源的。其他野生动物，如猴、蛇等，也同上述情况一样，也是广泛存在的。有些家畜只是农业部落的驯育对象，如猪、鸡等，把它们归功于北方游牧民族也不妥当。至于龙，更不是游牧民族的信仰。所以从生肖内容上看，不是源于北方游牧民族，而是与农业民族吻合的。

具体看看游牧民族的纪年方法，基本有两种：一种是动物，其中的生肖方法是较晚的；另一种为植物，文献上多有记载。

宋代洪皓在《松漠纪闻》中说："女真旧绝小，正朔所不及，其民皆不知纪年，问则曰：'我见青草几度矣'。盖以草一青为一岁也。"

其同时代人孟珙在《蒙鞑备录》中也说："其俗每草青为一岁，有人问其岁，则曰几草矣。"

上述事实说明，北方游牧民族发明生肖较晚，记录气象、年岁要求简单，远不及农业文明对纪年要求迫切，因此说生肖起源于北方游牧民族的说法很难成立。

（六）图腾起源说

在众多生肖起源说中，最有迷惑力的说法是生肖起源于图腾。它是否合理呢？首先应该弄清什么是图腾。

图腾是外来语，是英文 Totemai 的译音，本是北美洲印第安阿尔衮琴部落奥吉布瓦方言，意为"他的亲族"。

图腾产生有一定历史原因。原始人认为自然万物有灵魂，从而产生自然崇拜。在此基础上，发现有的植物、动物或非生物与自己最亲密，于是每个氏族都以某种特殊的植物、动物或非生物为自己的图腾，并作为自己的保护神和标志，有一定祭祀仪式，不准食用和危害自己的图腾。

图腾信仰主要流行于母系氏族时代。后来也有图腾残余。所以称当时为图腾时代。每个氏族、胞族或部落，都

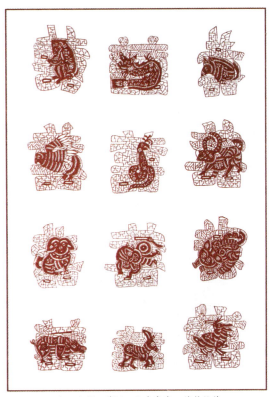

十二生肖　剪纸　山东高密　范祚信作

有自己的图腾，认为其是自己氏族至高无上的神灵。
《史记·五帝本纪》称黄帝"教熊、罴、貅、貊、虎，
以与炎帝战于阪泉之野"。上述所谓的兽或兽旗，就应
该是我国远古时期的图腾遗制。

　　虽然图腾是外来语，但它在中国古代也是普遍存
在的，夏族信仰熊图腾和鱼图腾，商族以玄鸟为图腾，
周族图腾有鸟、龟、犬和虎，西北有信仰犬的民族，北
狄则信仰狼为图腾。近现代少数民族也保留不少图腾残
余，如彝族有葫芦、虎、蛇、猴、猪等图腾。纳西族有
虎、豹、蛙、猴等图腾。傈僳族有虎、熊、羊、蛇、
鼠、竹等图腾。畲族以狗为图腾等等。

上述事实说明，图腾是史前时代的信仰，主要盛行于母系氏族时期，并且残存于不少少数民族中。也就是说，图腾主要流行于母系氏族时代，而生肖则产生于商周时期，当时有图腾也只是一种残余形态。所以在谈及生肖与图腾关系时，有三点必须注意：

首先，生肖可能从图腾中吸取若干

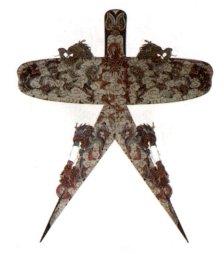

九龙瘦燕　风筝　哈亦琦　1986年制作(197cm×175cm)

降龙　风筝　山东潍坊　王永训作

文化因素，但不能说生肖都来源于图腾，因为两者发生时间不同，相距甚远，生肖产生时，图腾早已成为历史。

其次，作为图腾的对象，都是具体的事物，是实实在在的存在，大门类有动物、植物或非生物，具体如虎、狼、鸟、蛇、竹、松等等，绝不会有虚构的崇拜物。我国在史前时代就有龙了，它不是客观存在，而是虚构的，是由若干动物构成的，由此可知龙不是图腾，这说明生肖不是由图腾转化来的。

现在有些人把龙作图腾，甚至认为龙是中华民族的共同图腾。这种提法是错误的。第一，图腾是氏族时代的信仰，当时氏族林立，互不统一，每个氏族都有自己的图腾，就是一个胞族或部落，也不会有一个共同的图腾。第二，民族是氏族解体时产生的，流行于文明时代，这时早已放弃了图腾信仰，所以每个民族都不会有一个共同图腾，因为民族是由许多氏族、部落组成的，当时不会，也不可能信仰一个共同的图腾。第三，有人说中华民族有共同的图腾，这也不妥当。因为中华民族是现代的一种称呼，而现代民族已经不信仰图腾，怎么冒出来一个共同的图腾，它只是某些人的个人想象而已。

三羊开泰　蜡染画　贵州

　　从上述六种起源说看，生肖的产生与上述几种说法都关系不大，但是生肖肯定与纪时需求有关，这应该是生肖研究的着力点。

　　中国社会的发展，尤其到商周时期，更加迫切需要纪时工具，这种强烈的社会需要是改进纪时工具的根本动力。当时普遍使用的纪时方法是天干、地支，用以纪年、纪月、纪日、纪时，这方面已经得到了文献和考古资料的证实。但是，天干、地支方法基本为上层社会所用。上层社会主要指氏族显贵、祭司和少数统治者。他们记录历史，记录家庭谱系，记录战争和财产状况，都急需天干地支，不过，应用的前提必须同文字的使用有关，如甲骨文、金文等。而一般民众并不识字，也不习惯用干支方法，他们更习惯用一些口传心记的方法，从而发明了用有关动物加以纪时，久而久之，出现了生肖。

生肖的来源，应该是多元的：有些来源于图腾或图腾残余，如虎、蛇、猿、鼠等；有些来源于家畜饲养，如鸡、猪、羊、牛、马等；有的可能来源于民间信仰，如龙。这些来源必然是多元的。而且所有的生肖，都与发明者的生产斗争、生活习惯、宗教信仰有密切的关系。

生肖小史

SHENGXIAO XIAOSHI

（一）生肖的形成

中国出现的生肖物证，是1975年在湖北云梦睡虎地十一号秦墓发现的一批竹简，在《日书》背后，对十二生肖有具体记载：

子，鼠也。盗者兑口，希须，善弄，手黑色。

丑，牛也。盗者大鼻，长颈，大辟臑而偻。

寅，虎也。盗者状，希须，面有黑焉。

卯，兔也。盗者大面，头□。

辰，（龙也）。盗者男子，青赤色。

巳，虫也。盗者长而黑，蛇目。

午，鹿也。盗者长颈，细肸，其身不全。

未，马也。盗者长须耳。

申，环也。盗者圆面。

酉，水也。盗者而黄色，疵在面。

戌，老羊也。盗者赤色。

亥，豕也。盗者大鼻。

十二相舞面具蛇头 四川九寨沟
藏族

据专家考证，辰字后有漏字，应该是龙字。虫字应为蝮字，也就是蛇。

环为猿，即猴。水为水鸡。仅鹿相左，说明当时已经有生肖，内容与近代生肖基本相同，但有地方特点，

猴头　泥塑　河南淮阳　许述章作

抓鸡娃　剪纸　陕西　胡凤莲作

如鹿的使用，有楚国特点。

　　1986年天水放马滩也出土过《日书》秦简，其中就有子鼠、丑牛、寅虎、卯兔、辰虫、巳鸡、午马、未羊、申猴、酉鸡、戌犬、亥猪。与睡虎地秦简上的生肖不同，但大同小异，有秦地特点。

　　睡虎地秦简，应该是战国时期的文字记录，生肖已经基本定型，那么生肖应该有一个产生发展的过程，可以追溯到春秋至商周时期。其实，在先秦文献中已经有生肖的记载，如：

　　《吕氏春秋·恃君览》："周鼎著鼠，令马履之。"

　　《吴越春秋·阖闾内传》："（阖闾）欲东并大越，越在东南，故立蛇门，以制敌国。吴在辰，其龙也，故小城南门上反羽，为两鲵，以象龙角。越在已位，其位蛇也，故南大门上有木蛇北向，首内，示越属于吴也。"

　　说明生肖在春秋战国时已经广泛使用，并应用在巫术、战争中。只是当时生肖有地域特点，生肖正在形成之中。

　　到了汉代，考古发现不少生肖类文物，不妨举例说明：

龙　马杓脸谱　陕西　李继友作

1973年在湖南长沙马王堆汉墓中出土了一件铜镜，其上有文字，有五圈图像，其中的第二圈有十二种生肖，内容与近代生肖相同。该墓属于西汉文帝时期。

1996年在内蒙古乌兰察布阴山岩画上发现一块岩画，高22厘米，宽33厘米，其上刻有十二生肖，专家认为这是西汉时期或更早时代的遗物。

在山东西南、江苏北部的一些汉墓中，也发现一些生肖文物，据作者所见有两种：一种是玉印生肖，高7厘米，宽3厘米。上部为生肖，或为印钮，底下刻有鼠、牛等。另一种是生肖带钩，由青玉制成，上部为生肖形象。

汉代的生肖，主要用于纪时，包括纪月、纪日、纪时，还不纪年，也就是还不纪生年属相。这种情况到晋代还有。晋葛洪《抱朴子·登涉》："山中寅日，有自称虞吏者，虎也。……卯日称丈人者，兔也。……辰日称雨师者，龙也……巳日称寡人者，社中蛇也。……午日称三公者，马也。……未日称主人者，羊也。……申日称人君者，猴也。……酉日称将军者，老鸡也。……戌日称人姓字者，犬也。……亥日称神君者，猪也。……子日称社君者，鼠也。……丑日称书生者，牛也。"

十二生肖　布堆画　陕西延川　高凤莲作

到了东汉元和二年（公元85年），政府下令实行以生肖纪年，并在全国实行，才逐渐施行生肖纪年。

东汉王充的《论衡·物势篇》对生肖记录最详，他说："寅，木也，其禽虎也；戌，土也，其禽犬也；丑未，亦土也，丑禽牛，未禽羊也。……亥，水也，其禽豕也；巳，火也，其禽蛇也；子，亦水也，其禽鼠也；午，亦火也，其禽马也。……午，马也，子，鼠也，酉，鸡也，卯，兔也。……巳，蛇也，申，猴也。"王充在另外两篇文章中也说过生肖。《言毒篇》："辰为龙，巳为蛇，辰巳之位在东南。"《讥日篇》："子之禽鼠，卯之兽兔。"此时生肖已经形成，且与阴阳五行结合。后来的蔡邕在《月令问答》中也谈及十二生肖。

（二）生肖纪年的出现

北魏时期出土不少生肖文物。

山东临淄崔氏墓地第十一号北朝墓，出土六件生肖陶俑，有虎、蛇、马、猴、狗、兔，或站或立。十七号墓出土有虎、牛、羊、鼠、蛇五件陶俑。太原北齐娄睿墓壁画上，上方为天象，中间为生肖，有鼠、牛、虎、兔。当时把生肖置于天象之下、雷公之上，生肖也处于诸神之中。

在南朝梁人沈炯写有《十二属诗》，说明仍用生肖，其诗曰：

鼠迹生尘案，牛羊暮下来。

虎啸坐空谷，兔月向窗开。

龙隰远青翠，蛇柳近徘徊。

马兰方远摘，羊负始春栽。

猴栗羞芳果，鸡跖引清杯。

神牛图　壁画　北齐娄睿墓出土

狗其怀物外，猪蠡宵悠哉。

随着以生肖纪年的出现，社会上也出现了以生肖纪年的现象，即以属相纪年。北周宰相宇文护母亲阎氏为北齐所执，北齐令人以阎氏的口气写信，信中说："昔在武川镇，生汝兄弟，大者属鼠，次者属兔，汝身属蛇。"说明北周时以生肖纪岁数相当流行。《南齐书·五

十二生肖　团花　四川成都　龙玲作

行志》记载："永元中，童谣云：'野猪虽嘻嘻，马子空闯渠。不知龙与虎，饮食江南墟。'"并且解释说："东昏侯属猪，马子未详，梁王属龙，萧颖胄属虎。"

一个人属什么属相，性格就像什么属相，故称生肖，这是中国传统文化中的一种看法。在梁陈间诗人沈炯的《十二属诗》中表述得一清二楚。

（三）生肖繁荣时期

隋唐以后，经济发展，社会稳定，中外文化交流频繁，出土生肖文物也空前多，主要有：

铜镜

在隋唐时期出土不少生肖铜镜，主要在隋末唐初，有三种形式：

一种为生肖镜，如李静训墓、李寿墓、刘伟夫妻墓均有出土，镜外为忍冬

隋代生肖铜镜局部

纹，内有十二格，每格有一个生肖。

一种为四神生肖铜镜，该镜中央有四神：青龙、白虎、朱雀和玄武，各居一方，其外有十二个生肖形象。

一种为八卦生肖铜镜，该镜为圆钮方镜，外圈为八卦，中央为十二生肖。在《太平广记》卷230中曾记述了八卦生肖镜，具有防鬼辟邪的作用。

生肖俑

在我国各地都发现不少唐代生肖俑，但南方多于北方。种类较多，有陶质生肖俑，铁生肖俑，石生肖俑，三彩生肖俑，银制生肖俑等。其特征是兽首人身，或坐式，或立式。我们收藏了一套银制生肖俑，其中文官六个，武官六个，都保留人形站式，仅头上有生肖形象。

为了放置生肖，在墓内多设小龛，而且东、南、西、北各有一小龛，每个小龛内各放三个生肖。一般是一座墓有一套生肖，个别墓地也有两套的，如1971年湖南湘阴唐墓内就出土两套生肖陶俑。在中唐以前墓内多生肖，后来有生肖也改为陶制或木制俑。

石刻生肖

在唐代北方墓志上，四边曾有各种石刻花样，其中包括生肖形象。1982

唐代人形生肖俑

生肖瓷俑　唐代　湖南

年陕西博物馆收藏有342件墓志，内有82件墓志上有生肖石刻，占四分之一左右。其形象起初为动物写实，后来改为兽首人身形象，再后来在人物头上，装饰有生肖形象。

（四）生肖的变化

五代以后，在考古上生肖有不少变化，似乎出现了下降趋势，主要表现在以下几个方面：

首先，唐代墓志多生肖，但是后来的墓志上很少见到生肖形象，有的在刻生肖的位置上，有文武官员形象，说明墓志上图案有重要变化。

其次，宋代以后中原地区很少见到生肖陶俑，即使有个别生肖出现，形象也有明显改变，如江西临川温泉乡出土一座宋墓，出土十二件陶生肖俑，但由俑身和座组成，其中的俑身为官员形象，仅在座上书写生肖名字。以上为中原的生肖文化。

第三，生肖种类也有变化，如宋人陶谷在《清异录·器具》中讲有一种生肖盘："唐内库有一盘，色正黄，圆三尺，四周有物象。元和中，偶用之，觉逐时物象变更，且如辰时，花草间皆戏龙，传巳则为蛇，转午则成马矣，因号'十二时盘'。"

在边疆地区保留生肖较多。尤其北方的辽国，还有唐代盛行的生肖之风。在内蒙古巴林左旗，辽西和海拉尔等地，发现了辽代生肖铁镜，其中海拉尔的铁镜重76.8克，直径5.9厘米，厚0.6厘米，背面四周是猴、猪、狗、鸡，靠边部为牛、马、蛇、龙、兔、虎、羊等生肖。另一面为人物形象。

在辽代还有两种特殊的生肖：

一种为腰带饰生肖。它是在皮带上，镶有十二块绿松石。该松石高5厘米，宽6厘米，厚1厘米。在四角均有一孔，是供缝在皮带上使用。在每块松石上，各雕一生肖，浮雕形式。

另一种为琉璃生肖。我国远在商代就有了琉璃，但基本为小件，属于琉璃珠之类。自从中国与西域发生贸易往

辽代生肖金像

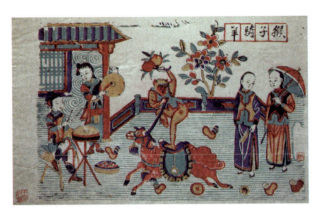

猴子骑羊　年画　山东潍坊

蛇盘兔　面花　山西岚县

来，传来了西方的琉璃工艺技术，开始有大件琉璃出现，这在唐宋时期是很明显的。到了辽代出现了用琉璃制作的生肖，且用的是彩色琉璃。

由此看出，宋代以后各地生肖发展不平衡，乍看似乎在走下坡路，其实生肖还存在。以中原地区为例，墓葬内生肖是少了，但民间还大量存在，如剪纸、面花、刺绣、年画等上面都有生肖。在小孩戴的长命锁上也有生肖形象。

生肖简介

SHENGXIAO JIANJIE

什么是生肖？这是大家所关心的。生肖实为十二种动物，包括龙。现在一一加以介绍。

（一）鼠

鼠是生肖之一，又是第一位，因十二生肖与十二地支时常并用，鼠又与子有密切关系，并且并列之，称为"子鼠"。

鼠是人类生存的大敌，经常影响人的生存，如吃粮食，咬东西，几乎无恶不作，所以形成了"老鼠过街，人人喊打"的状况。但是老鼠又很机灵，往往被属于鼠

锦旗鼠　南京云锦　金文作

鼠吃葡萄　内蒙古商都　刘静兰作

鼠　泥塑　陕西凤翔　胡深作

老鼠娶亲　年画　福建漳州

生肖的人所喜爱。《清稗类钞》有一段文字："盐城有何姓，其家主人自以为本命肖鼠也，乃不畜猫；见鼠，辄禁人捕。久之，鼠大蕃息，日跳梁出入，不畏人。"这是比较典型的例证。民间还有老鼠会组织，过去也较流行。

鼠之所以成为生肖，是因为它与人类有密切的联系。尽管它危害于人，人类起初也把它作为动物崇拜之一，是自然崇拜和动物崇拜的内容之一。据玄奘《大唐西域记》称，在新疆吐鲁番就有崇拜鼠的部落，鼠神曾咬破匈奴的战袍、盔甲，使当地人战胜匈奴。这可能是鼠生肖来源之一。清人刘献《广阳杂记》引李长卿《松霞馆赘言》："子何以属鼠也，曰：天开于子，不耗则其气不

开。鼠，耗虫也。于是夜尚未央，正鼠得令之候，故子属鼠。"民间传说半夜十一时到下半夜一时，正是子时，此时老鼠最活跃，因此以鼠为子时的标志。至于说老鼠为什么坐上了十二生肖的头把交椅，也有一些传说，传说认为最初以体形最大的牛为生肖之首，而老鼠排在最末位。后来老鼠不服，向玉皇大帝申辩，认为自己最大，不信上街比试一下。结果上街一游，别的生肖都高头大马地过去了，如牛、马、羊等，后来来了一只极小的老鼠，观者曰："你们快看呀，老鼠真大呀！"实际是说反话，讽刺老鼠。玉皇听错了，就认为老鼠大于牛马，就让老鼠坐上了生肖的首位。

鼠生肖有不少传说、成语，也有年画。

（二）牛

牛是十二生肖之一，排在老鼠之后，即第二位。由于地支纪时的广泛使用，以丑记下半夜一时至三时，通称为

牧童骑牛　风筝　天津　魏国秋作

牛魔王　木偶　福建漳州
徐竹初作

丑时，丑与牛可并用，又称丑牛。

牛是人类的朋友，是最早驯育的家畜之一，体形高大，可用于耕作，驮运，提供肉食和乳类，对人类贡献很大，是人类的宝贝之一。在远古时期，有些人奉牛为图腾，后来演变为牛王庙、牛王节，长久纪念牛的贡献。基于上述信仰，一般是不杀牛的。《礼记》说："诸侯无故不杀牛。"即来源于此。

大概牛对人类社会有较大贡献，所以被选为生肖之一。最初牛为生肖之首，但后来让老鼠抢去了。这里还有一个故事：传说十二生肖是由玉皇大帝排序的，各种动物前去报名。老鼠与牛搭伙前去报名，起初老鼠走得慢，被牛拉开了一大段距离。牛老实，老鼠很爱动心眼，对牛说，我给你唱歌吧，以此哄牛。牛想听到歌声，但由于老鼠离得远，听不见。老鼠说还不如我骑在你背上，我唱歌你就听见了。于是老鼠骑在牛背上，唱道：

牛哥哥，

春牛图　年画　山东潍坊

牛哥哥，

过小河，

爬山坡，

……

牛听了很得意，走路更起劲了，甚至最后奔跑起来，不久到了玉皇所在的地方，牛还自豪地说："还没有人来报名，今天我可排在最前头。"老鼠嘴上不说，动作上可争先恐后，它从牛脖子上往下一滑，一下就落地了，还抢在牛前边，写上了自己的名字，于是就出现了老鼠居一、老牛居第二的状况。

牛虽然居鼠之后，但它的名声可比

老鼠大，在民间立春时，必举行鞭春牛仪式，还要吃春饼，拜春牛，以测一年风雨形势。在各地年画中，也印有"立春鞭春牛"、"牛郎织女"等年画。各种有关牛的成语、谚语、歇后语很多，几乎家喻户晓，老少皆知，有些是指导生产、生活的主要准则。

民间认为属牛人的性格与牛相近，具有坚韧、执着、踏实、耐心强等特点，是受人欢迎的，但牛有牛脾气，也是拉不回头的。

（三）虎

虎是生肖之一，排在第三位。相当于地支的寅字。在纪时时，专指一天的寅时，即清晨三时至五时。此时是老虎

牛　农民画　陕西安塞　侯雪昭作

白虎帐　刺绣　陕西

虎头吞口　云南昆明　彝族

老虎童围涎　湖北阳新布贴

虎　泥塑　陕西凤翔　胡深作

最活跃之时。虎又是山中之王，百兽之首。这种观念也反映在民间文化中，如小孩穿虎头鞋，头上戴虎头帽，将士在盾牌上绘有虎头，甚至在传递军令时，也用虎形印，称虎符。

关于虎生肖，曾有一个传说：原来生肖中有狮子，没有老虎，当时的虎仅仅是天上玉帝的卫士。它手艺高超，会抓、扑、咬、冲、跃、折等。可是当时地上飞禽走兽没人管理，无法无天，民间灾难深重。人们通过土地爷请玉帝派一个大兽下凡。于是玉帝派老虎下凡。它先后制服了狮子、熊和马三个大兽，凯旋回到天上。玉皇见虎有功，在天下治服三个猛兽，于是在虎脑门上画了三条横道。后来东海龟怪又兴风作浪，大地一片汪洋，于是老虎又下凡咬死了龟怪。玉皇看老虎又立了大功，又在虎前额上画了一竖道，形成了"王"字，从此虎成百兽之王，管理百兽。这时正是命名十二生肖之时，群兽对狮子意见很大，玉帝决定换下狮子，以老虎顶替，于是有了虎生肖。

虎是吉祥性野兽，可以辟邪。五月五日为端午节，百虫重生，五毒俱全。为了对付五毒，必供四神，其中就有虎神。关中迎新娘时，男方舅舅要蒸一对面老虎，用红线拴在一起，新娘一来，先取面虎挂在新人颈部，进新房后取下，两新人共食，祈求婚后生虎子。不过，夫妻过端午节，不能同居，更不能同房，主要是避寅，否则会遭老虎报复。

在民间信仰中，对虎和属虎的人有一定看法，认为属虎的自立性强，有较强的自尊心，喜欢单独活动，不怎么合群，喜欢人家赞扬，但属虎者办事激进，多鲁莽，容易出差错，即使受挫折、失败，也不肯罢休，还要坚持，直到胜利。

（四）兔

兔是十二生肖之一，排在第四位。过去用十二地支纪时，每天早晨五时至

泥塑　兔子王　山东济南

兔　剪纸　陕西延川　高凤莲作

七时为卯时。王充《论衡》："卯，兔也。"所以又称卯时为兔时或"卯兔"。

兔子变成生肖，有不少传说。其中的"牛兔赛跑"就涉及生肖中的卯兔。牛和兔子为邻，相安无事，兔子对牛说："我是最能跑的，谁也比不上我。"牛向兔子取善跑之经验，兔子说："这是天生的，你那么沉重，怎么能跑起来？"牛不服，还是学了一套奔跑技术。等玉皇排生肖时，牛和兔子相约赴会，决定鸡鸣即出发。等鸡一叫，兔子首先跑了，快到天宫时，兔一看后边没人，自己来得太早了，心想："我睡一觉，生肖头名还是我的。"于是它睡着了。但牛醒后一直往天宫跑，没等兔子醒，牛就到了天宫，但让骑在身上的老鼠抢了先，老鼠排第一，牛排第二，虎

兔儿爷　泥塑　北京　双起翔作　　　　　　　骑虎兔儿爷　泥塑　北京　双起翔作

又紧追牛，尽管惊动了兔子，虎还是得了第三名，兔子只能排到第四名。兔子虽然得了第四名，但输给了牛，心里很不痛快，一气之下，搬家了，住在洞穴内，至今未改。

兔子与月亮有密切关系：兔月，就是月亮；兔华，也指月亮；玉兔，指月中兔，是握杵捣药者；金兔，指银色月亮；兔窝，指兔的巢穴；兔宫，指兔的月宫；兔轮指月亮，等等，也可以说兔子就是月亮的化身。既然如此，兔子也有辟邪作用。如汉族在过春节的时候，一般是在初一，必在门上用面做一个兔头挂上，同时还挂一个盛有雪水的竹筒，与年幡联系起来，具有镇邪减灾的作用。

黑兔枕　陕西蒲城

兔子比较温和、安静，所以民间认为属兔子的人也有类似性格，如文静、敏感、心细、记忆力好、有慈心和有礼貌。因此民众都喜欢属兔的人。但民间对于兔子也有不少禁忌，如认为兔子豁嘴，孕妇不能吃兔肉，喝兔肉汤，否则会生育有三瓣嘴的孩子。

（五）龙

龙是十二生肖之一，排在第五位，与十二地支中的辰相配，作为上午七点至九点的纪时标志，称为辰时或辰龙。

双龙戏珠　苗绣　贵州凯里　吴通英作

龙腾如意　手绘　安徽　刘靖作

龙是唯一不是现实存在的动物，而是一种虚幻的信仰。在史前时代已有龙，当时无论是黄河流域的龙，还是辽河流域的龙，都有强烈的地方特点。随着秦统一帝国的形成，龙的形象也逐渐一体化，其共同特点是双角、鳞身、双翼、长尾。这一点在不少文物中都有反映。

有人说龙是中华民族的统一图腾，中国人民是龙的传人，是龙子龙孙。这种提法是现代人的想法，具有政治性。远古时期的图腾信仰是很孤立、分散的，是不能，也不可能有中华民族的统一图腾。只有皇权利用龙以后，龙才是皇权的象征，是统治者的表征，但与广

龙凤呈祥　土家织锦　湖南湘西　叶水云作

龙灯　编扎　浙江乐清

大民族并不是一致的。

在民间有不少祭祀和纪念龙的节日，特别是元宵节的龙灯会、二月二龙抬头、五月五端午节的活动，都是对龙的敬仰。

（六）蛇

蛇是生肖之一，排在第六位，与地支中的巳相配，以纪白天九点到十一点，称此时为巳时，或巳蛇。

传说原来蛇有四条腿，但好吃懒做，受人歧视，所以蛇见人咬人，见动物伤动物，结果被告到天庭。玉帝大怒，去掉了蛇的四条腿，把四足送给蛙了，结果蛙由无足变成有足。蛇知道自己错了，痛改前非，如吃害虫，跟龙治水，死后把蛇身献给人类做药材。其实脱皮之蛇，所脱的皮也可入药。玉帝看蛇有改过之心，在排生肖时，也把蛇排进去了。蛇是原始信仰之一，属于动

蛇　剪纸　陕西安塞　余泽玲作

仿古蛇卮　漆器　湖北荆州　邹传志作

物崇拜，吴越地区有些氏族奉蛇为图腾。在文字中，有一种鸟形象，也是受蛇信仰的影响。广东有的地方拜蛇为神。吴震方《岭南杂记》："潮州有蛇神，其像冠冕南面，尊曰游天大帝。龛中皆蛇也。欲见之，庙祀必辞而后出，盘旋鼎俎间，或倒悬梁橡上，或以竹竿承之，蜿蜒纤结，不怖人，不螫人，长

三尺许，苍翠可爱。……凡祀神者，蛇常游其家。"

（七）马

马是生肖之一，排在第七位，运用十二地支纪时，以午时纪白天的十一时到下午一时，称午时，或午马。

关于马成为生肖，有一个传说：原来玉帝排生肖，时间在正月初一，各种动物和气象都在，谁先到排谁。风是先知道的，而且先跑，但途中遇到村落瘟疫，为去采药，贻误了时间，又遇到催眠纠缠，但终于得到圣水，救了病人。风跑到天宫时，生肖已排满了。但与风

牛马王　年画纸马　陕西

马上封侯　染色刻纸　河北蔚县　周玉作

脱胎马　漆器　湖北荆州　邹传志作

同时起步的马却进了生肖队伍。此外，还有天马成为生肖的故事。

马是重要的野生动物，起初是狩猎对象，远古发现许多石球与马骨埋在一起，就是以石球猎马的物证。这些石球是利用各种飞石索投掷的，打到马后再群起而攻之。自人类驯育马后，马又成为骑驮工具，也是骑兵必备的。所以马在人类社会生活中占有重要地位，人类把马作为民间神灵之一，并建有"马王庙"，每年都举行一定的祭祀活动。

（八）羊

羊是生肖之一，排在第八位，在一天十二时辰中，午后一点至三点为未时，有时也称羊时，或未羊时辰。在五行中，羊属火，所以羊又是火畜。传说每天下午一时至三时，是羊爱撒尿的时候。羊尿可入药，可治疗惊疯病。

我国是农业大国，较早就驯育了羊。北方游牧民族

三羊开泰 剪纸 陕西延川 刘洁琼作

羊 泥塑 陕西凤翔 胡深作

三羊尊 钧瓷 河南 任星航作

其他民族以烧全羊待客。羊和猪一样，也是重要的动产标志之一。

羊所以称为生肖之一，可能与羊对人类生活有重要影响有关。民间还流行一个传说，认为羊为人类带来了五谷。在玉皇大帝选择生肖那天，羊正在为草地浇水。牛踏了不少草地，羊对牛痛骂不止。当时骑在牛背上的老鼠一边下地捡花生吃，一边从中劝架。羊刚一消气，牛和老鼠都跑了。后来发现虎和白兔也往前跑，羊心里一想："一定是到天宫报名抢生肖，我也得快去。"于是跟马一块奔向天宫，但到天宫已晚，只得了第八名，这就是羊在生肖中的名次。由于名声较好，羊成为处事公平的代名词。据《论衡·是应》记载，帝尧时代，掌法律的官是皋陶，法署必挂皋陶像，还有獬豸。该书对后者描述为"一角之羊也，性知有罪。皋陶治狱，其罪疑者，令羊触之，有罪则触，无罪则不触。故皋陶敬羊"。《神异经》："獬豸忠直，见人斗，则触不直；闻人论，则咋不正。一名任法兽。"从春秋至秦汉，法官多戴法冠，名獬冠。《后汉书·舆服志》："或谓之獬豸冠。獬豸神羊，能别曲直，楚王尝获之，故以为冠。"由此可知，羊对社会的深刻影响。

还把羊当成主要畜群。哈萨克族有拜山羊神仪式。汉族视正月六日为羊日，当天禁止抓羊。民谚说："六月六雨，牛羊贵如金。"羊能提供羊肉主食，也提供乳制品。哈萨克族有敬羊头的习俗，

弼马温　年画　陕西凤翔　邰立平作　　　　　　美猴王　泥塑　江苏无锡　喻湘涟、王南仙作

摇猴　泥塑　山东高密

（九）猴

　　猴也是生肖之一，排在第九位。过去以地支纪时，其中的申时为下午三时至五时，又称猴时。据说此时猴最爱叫，声音也长。明人李长卿在《松霞馆赘言》中说："申时，日落而猿啼，且伸臂也，譬之气数，将乱则狂作横行，故申属猴。"朗瑛《七修类稿》中也说："申为三阴，阴性则黠，以黠，以猴配之，猴性黠也。"

　　传说玉帝在排列生肖时，虎很快就排上去了，作为虎的邻居的猴子却没排上去。过去猴子救过虎的命，虎为了还这份恩情，特意向玉帝说猴子聪明无比，在百兽中名列前茅。又说虎不在时，猴子代虎为山中之王，这就是"山中无老虎，猴子称大王"的来历。玉帝听了点头称是，也把猴子列为生肖了。

猴子聪明、伶俐，但一直是野生动物。不过由于猴子对远古农业破坏性严重，人们对猴子也格外崇拜，是人类早期的动物崇拜之一。有的民族还保留以猴为图腾的残余。广西南丹瑶族中有一个黄姓，认为其始祖母为母猴，所生后代力大无穷，但天上有十个太阳和十个月亮，白天太热，晚上太亮，人类无法生活，于是黄家派出自己的子弟，把天上的九个太阳、九个月亮都射下来了，才有今天的日出月没的规律化生活。黄姓后人对猴格外敬重，都禁止猎猴，也不准吃猴肉。

棕编 鸡 四川新繁

（十）鸡

鸡也是生肖之一，排在第十位，与地支中的酉相配，可记录晚上五时至七时，所以又称酉鸡。

传说中说，鸡和龙同去争生肖，但龙比较自卑，认为自己头上光光的，没有角，要借公鸡的角把自己装扮起来。起初公鸡不愿意，后来经过蜈蚣说合和充当证人，公鸡就把自己的角借给龙了。他俩进入天宫都评上了生肖，但龙在前，鸡在后。公鸡十分不满，心想："还不是靠我的角上去的，我非把角讨

鸡吃五毒 端午时张贴

回来不可。"公鸡跟龙讨角，龙不给。公鸡去找证人蜈蚣，蜈蚣也不认真去追讨，最后公鸡同蜈蚣翻了脸，一口气就把蜈蚣吃了。至今仍保留公鸡爱吃蜈蚣的风俗。

鸡是十二生肖中唯一的飞禽，它也

鸡　剪纸　陕西安塞　佘泽玲作

是最早被驯育的家禽，可提肉食、羽毛，进行蛋卜、鸡卜，是民间信仰对象之一。民间把正月初一视为鸡日，门上贴剪纸鸡，据说可辟邪；端午节也以纸鸡作为驱五毒的工具。各民族还流行斗鸡，是重要的娱乐活动。

（十一）狗

狗是十二生肖之一，排在第十一位。晚上七时至九时，为戌时，此时黑夜降临，狗看家、护院的警惕性最高，有一种敏感的视力和听力，看得远，听得清，所以戌时属狗，又称戌狗。

狗　剪纸　陕西

生肖狗 农民画 陕西安塞

关于狗成为生肖还有一个故事呢：
原来人类都驯育了狗和猫，但两者不
和，猫认为狗吃得多，干得少，只能看
家护院。狗认为猫只吃不干，吓唬老鼠
而已。两者争执不下，去找玉帝评理。
玉帝问狗："你一顿吃多少？"狗说：
"一顿一盆。"又问猫："你一顿吃多
少？"猫说："每顿吃一灯盏，还吃老鼠
补充。"玉帝说："还是狗吃得多。"狗
很生气，追着猫咬。当时正在排列生
肖，由于狗积极奔跑，得了第十一位，
但猫因躲狗，未赶上当生肖。

（十二）猪

猪是生肖之一，排在最后一位。猪
与十二地支中的亥相配，故称亥猪或
"人君"。纪时时，相当于晚上九时至十
一时。

关于猪为生肖，还有一个传说：
从前，有个财主，家产无数，金钱万
贯，但长期无子，后来到了花甲之年，
生了一子。主人对子爱惜有加，放在福
水中长大。后来父母双亡，儿子长得胖
胖的，但不务农事，不学文武，家庭败
落，田产典卖，奴婢也走了，最后胖小
子生生饿死家中，可是他亡魂不散，向
阎王告状，说自己天生福相，为何惨遭
饿死，阎王没法，只得请玉帝明断。玉
帝查明情况后，一下大怒，罚他去吃
糠，变成猪，玉帝还批语道：

无用蠢才，
颠倒黑白；
罚去吃粪，
一年一宰。

卖猪 剪纸 江苏徐州

小儿玩具　布猪　陕西宝鸡　王海霞收藏

　　当时正赶上评选生肖，天官把"吃糠"听作"当生肖"，于是把猪排在生肖的末位了。

　　猪是农业民族中最早驯育的动物，具有两面性，一方面是勇敢、厚道、忠诚、诚实、宽容，另一方面是愚蠢、懒惰、贪吃、好色、肮脏。但它是农家宝贝，浑身都是宝。

生肖的功能

SHENGXIAO DE GONGNENG

谈论十二生肖的文章和书籍不少，但谈及生肖的功能者较少，也就是说，生肖在中国人心中极为流行、火热，这其中一定有一种强大的社会功能，从而才驱使人们喜欢生肖、热爱生肖。生肖的功能，一句话，它有纪时功能，而且涉及每个人、每个家庭，甚至整个社会和历史。这在古籍中多有记载。《诗经·小雅·吉日》："吉日庚午，即差我马。"《礼记·月令》："季冬之月，出土牛。"郑注："季冬者日月会于玄枵，而斗建丑之辰也。"具体说在生肖纪时功能上，主要有三个方面：

（一）纪时

现在纪时，是一天二十四小时，以钟表示之。中国传统文化是把一天划为十二个单位，每个单位称为一个时辰，相当于两个小时。过去以十二地支标志，称为子、丑、寅、卯、辰、巳、午、未、申、酉、戌、亥。同时，也以十二种动物标志，包括鼠、牛、虎、兔、龙、蛇、马、羊、猴、鸡、狗、猪。把地支与生肖结合起来，又称为子鼠、丑牛、寅虎、卯兔、辰龙、巳蛇、午马、未羊、申猴、酉鸡、戌狗、亥猪。

关于生肖纪时，还有不少传说，传说子时相当于半夜23点至次日1点，天地混沌一片，黑暗世界，这时老

十二生肖纳福图　染色剪纸
河北蔚县　任玉德作

鼠出没频繁，咬破缝隙，所谓"鼠咬天开"，才出现了白昼。1点至3点，耕牛初醒，准备春耕，所以有"地辟于丑"。3点至5点，是人出生之时，有生必有死，在人的生命中，虎的威力更大，所以当时以虎为标志。5点至7点正是日出之时，日属离卦，其中包含阴爻，象征月亮之精玉兔，故卯与兔结合。辰时为7点至9点，是三月的卦象，是群龙降雨之时，故龙为辰时之标志。巳时为9点至11点，是四月之卦象，此时春草繁茂，百虫复生，蛇也离开冬眠，开始活动，故有巳蛇之说。午时相当于11点至13点，阳气正盛，阴气萌生，群马活跃，四处奔跑，因有午马搭配。未时为13至15点，是羊吃草佳时，易于长膘，称当时未羊之时。申时为15点至17点，黄昏日下，群猴鸣叫，这是申猴的来源。酉时为17点至19点，月已升起，鸟归巢，月又属水，为坎卦，其中的阴爻代表太阳中的金鸡。戌时为19点至21点，夜幕降临，狗开始护夜。亥时为21点至23点，天地如混沌，猪浑浑噩噩，沉睡不起，故称当时亥猪之时。

（二）纪日

汉族一般用十二地支纪日，有时也用生肖纪日，但真正用生肖纪日的是藏族。

藏族以十二生肖纪日，每月初一为固定的虎日或猴日，其中单月一日为虎日，双月一日为猴日，以下依次类推。每两个月循环一次。

以一、二月为例，图示如下：

虎	兔	龙	蛇	马	羊
正月初一	初二	初三	初四	初五	初六
十三	十四	十五	十六	十七	十八
廿五	廿六	廿七	廿八	廿九	三十
七日	八日	九日	十日	十一	十二
十九	二十	廿一	廿二	廿三	廿四

猴	鸡	狗	猪	鼠	牛
初七	初八	初九	初十	十一	十二
十九	二十	廿一	廿二	廿三	廿四
二月一日	二日	三日	四日	五日	六日
十三	十四	十五	十六	十七	十八
廿五	廿六	廿七	廿八	廿九	三十

以上为纪太阳历的方法，太阳历是每月30天，没有大小月之分。

（三）纪月

　　一年十二个月，其秩序习惯以一月、二月、三月等称之，似乎各民族都一样，其实不然。藏族常以生肖纪月。

　　正月为寅虎

　　二月为卯兔

　　三月为辰龙

　　四月为巳蛇

　　五月为午马

　　六月为未羊

鼠　农民画　陕西安塞　侯雪昭作

七月为申猴

八月为酉鸡

九月为戌狗

十月为亥猪

十一月子鼠

十二月丑牛

从上述记载看出，其生辰以虎、兔为岁首，以鼠、牛为岁尾，与汉族不同。彝族十二个月，以生肖命名，如虎月、兔月、龙月、蛇月、马月、羊月、猴月、鸡月、狗月、猪月、鼠月、牛月等。

（四）纪年

汉族纪年，是利用干支，包括两部分：一是十天干，有甲、乙、丙、丁、戊、己、庚、辛、壬、癸。二是十二地支，包括子、丑、寅、卯、辰、巳、午、未、申、酉、戌、亥。

如果以天干或地支纪年，仅局限在十年或十二年，这是满足不了社会需要的。因此在纪年时，又把天干与地支结合起来，即以一个天干配一个地支，天干在前，地支在后，天干从甲起，地支从子起，即由甲子起，到癸亥止，阳干对阳支，阴干对阴支，阳干不配阴支，阴干不配阳支，共为六十位，为一个周期，号称"甲子周期"，或"六十甲子"，其中每个周期天干出六次，地支出五次。

从历史上看，甲骨文上已有干支纪年。后来改为公元纪年，其后也有干支相配，说明干支纪年有一定的生命力。由于生肖是在干支后出现的，所以干支纪年一直为中国的传统纪年方法。不过从甲骨文字看，用干支纪年应先流行于上层社会，包括统治者和祭司阶层，但民间可能习惯于生肖或动物纪年。

在以生肖纪年时，还把每个人的生年也按生肖计算，从而出现了属相，即生于何年，也以该年为某种生肖为属相，如马年生的人为马属相，羊年生的人为羊属相，简称属羊。这种作用，大

蛇盘兔必定富　剪纸　陕西安塞　佘泽玲作

剪纸《领头羊》 内蒙古包头 刘静兰作

大扩大了生肖的使用价值，而且与每个人的生存联系起来。最有意义的是，汉族还以人的属相测定婚姻好坏。

在汉族民间信仰中，把各种属相列为两类，一类是两种属相结合，可以结婚，如"蛇盘兔必定富"之类，在民间剪纸、刺绣中有许多蛇盘兔的形象，就是上述信仰的反映。有些属相相克，是不能结婚的，如"金鸡怕玉犬，猪猴不到头"等。

在河北武强出版的年画中，有一种"十二生肖婚俗忌配图"，共有六幅，每幅都绘两个生肖，并写有一句谚语：

鼠羊两不合，

蛇见虎流泪。

猪猴该不睦，

白龙怕青龙。

兔龙结冤仇，

鸡狗泪长流。

在我国少数民族中，也以生肖纪年，为属相。藏族纪年时，把阴阳、五行、生肖融合起来，有"阴火兔年"、"阳金猴年"、"阳土蛇年"等。相传是公元7世纪文成公主去西藏带去的。当地也流行六十甲子，但有特点，因为把五行掺入其中，认为甲乙为木，丙丁为火，戊己为土、庚辛为金，壬癸为水。

彝族生肖与汉族生肖相同，但岁首不同，有的地方彝族以羊为岁首，或以马为岁首，或以虎为岁首。该族以一兽纪一年，十二年为一轮，并以轮纪人的年龄。其谚语说：

一轮十三，

二轮二十五，

三轮三十七，

四轮四十九，

五轮六十一，

六轮七十三。

彝族人见面，不问年龄，而问几轮，如问："您几轮了？"答："六轮"，也就是七十多岁了。彝族也以属相论婚姻相合与否，其顺口溜如下：

兔猪羊相随。

牛马鸡相伴。

狗马虎相合。

猴龙鼠相合。

从汉族和彝族以生肖合婚的谚语中，可以看到不少异同处。

傣族也以生肖纪年、月、日，其生肖与汉族生肖基本相同，但个别有区别，如当地产象，这在生肖中也有反映，所以以"象"代替"猪"。傣族不信龙，而以"蛇"或"蛟"代替。

最初生肖仅用于纪时，包括年、月、日、时，后来又与十二地支结合，特别是用于纪年和生辰属相，生肖的社会意义就扩大了。

生肖后来还具有了更多的文化内涵和更多的社会意义。有的生肖给人以慰藉和温馨，有的给人以情感上的寄托，反映了人们征服自然、追求幸福生活的理想和愿望。孩子们正是通过手中的生肖玩具，学会仁爱礼仪，辨别是非，在潜移默化中建立起与当时社会风俗相符的文化信仰、道德规范与审美情趣。

我国的民间玩具分布十分广泛，几乎遍布所有的省市和地区。加上不同民

牛神　傩戏面具　苗族　湖南泸溪

大红国泰民安龙纹斗方粉蜡笺 安徽巢湖

族与风俗，相异的产物和地貌等因素的影响，各地民间
玩具的种类可谓数不胜数。为了进一步了解种类繁多的
民间玩具，需要对其进行分类。以下介绍几种较为常见
的分类方法，即按照玩具的材质、功能特征和使用对象
分类。

不同质地的生肖

BUTONG ZHIDI DE SHENGXIAO

由于生肖历史悠久，使用范围广泛，历代都留下不少生肖形象，但是从制作原料质地说，又具有多样性，主要有以下诸种：

（一）陶瓷类

在这类生肖中，最简单的是用泥土捏塑的，具体形象或为生肖本身，或者人身兽首，这是初期生肖形象。在北京中秋节有一种兔儿爷，就是泥制的，外绘彩色。民间有"祀兔成风"为俗。在泥生肖的基础上，发展为陶质生肖，它是在泥生肖火烧后形成的，比较坚硬、结实。宋代以后，又出现了瓷制生肖形象。

锦上添花·羊耳尊　陶瓷
广东　陈文敏作

（二）木质类

这类生肖是用木料雕制的，一般流行于辽代，以柏木制作，多为兽首人身形象。当月饼流行后，也常常雕成月饼模，以其印制、烘烤月饼，形成生肖月饼，但这种现象较晚。

（三）米面类

这类生肖是以糯米面和麦粉制成的，起初是作为供品出现的，以米面食物供品代替猪、牛、羊。生肖月饼

猴春米　木质　四川自贡
陈光荣作

也是这种食物。南方流行米制生肖，即糕饼生肖，在西北农村则利用面食制成生肖面花。

（四）骨骼类

利用骨骼雕刻生肖也是较早的发明，多流行于北方，如红山文化、夏家店文化、匈奴文化、辽文化中都发现过骨质生肖。不过，骨骼为有机质，难以保存下来，但在骨板和甲骨片上都有生肖形象。

（五）玉石类

玉石是我国古代文物中的大项。从红山文化到商周时期，琢制了不少石质或玉质生肖。到了汉代已经有成套的生肖形象。我们亲眼看见两种：一种是生肖玉印，印钮为生肖状，长方形，下面刻有各个生肖文字，如鼠、牛等。另一种是玉质带钩，腰带还是皮制的，但在接头处为玉制带钩，即上面为生肖形象，下为带钮的钮。

龙首形玉带钩

（六）松石类

以绿松石雕制生肖者也有之。我们发现一套皮制饰绿松石，共12件，正方形，长6厘米、宽5厘米。四角有孔，拴在皮带的地方。在每块绿松石上，都浮雕一个生肖。

（七）琉璃类

远在周代就有琉璃，但先秦时代的琉璃都是小件，自从汉代张骞通西域后，琉璃工艺大量传入中国，中国琉璃也多起来，但主要是小型饰件和生活用品，还不太专门做生肖。后来以琉璃做生肖的现象就多了。我们看见一套以琉璃做的生肖，共12件，皆为生肖形状，现象逼真，生动活泼。

（八）皮革类

在皮革上绘画，或者把皮革剪成动物，也是人类一大发明，这一点在民族文化中尤其突出。如在辽代契丹民族中的皮画中就有一种生肖皮革，画有十二生肖，配写有契丹文说明。在我国北方极为流行的皮影戏中，所用皮影就是用驴皮或羊皮剪制的，有人物、动物、生肖、建筑，且多绘彩。

狗头盔老生　皮影　民国　阮贵忠雕刻　　　　　　　虎头肚兜　陕西宝鸡

（九）纺织类

　　造纸技术发现较晚，过去都绘在纺织品上。在纺织品中，中国最初有麻布、丝绢，像战国时期的楚国，曾在长沙发现过帛书，其上有十二个月，就有十二生肖神。有的在绢或麻布上刺绣为生肖。辽代流行生肖，其中就有在麻布、丝绢上绘制的。明清以后，喜欢在小孩背心上刺绣，其中就有生肖形象。

（十）纸张类

　　自从有了纸的应用，纸又是生肖的重要载体，主要有几种形式：一种是在纸上绘制生肖，如有些生肖画、生肖书；一种是利用纸或彩纸剪成生肖，这种形式在农村广为存在；还有一种形式用纸印成生肖年画，如杨柳青、武强、杨家埠等等地方都有生肖年画。这种年画实

张仙射狗　年画　天津杨柳青

际是我国古代印刷术的"活化石"。众所周知，我国古代印刷术有两大发展阶段：第一阶段版印，即先在木板上刻一定图案或文字，然后印刷为文，这是中国早期的印刷技术。第二阶段是活字印刷，传说为毕昇发明。但各种资料表明，从宋开始已使用活字印刷，当时为木或泥活字。近些年发现很多辽代活字，有木、石、铜或松石制的，多为契丹文。辽代与北宋同时，说明当时用活字印刷是肯定的。

（十一）金属类

最早的金属生肖是用铜铸造的，汉代出土过生肖铜镜，还有生肖花钱。对生肖钱，又称命钱。《古钱大辞典》引《稗史类编》："命钱，面有十二生肖字。张瑞木曰：此钱旧称命钱，有地支十二字，一字者，二字者，四字者，十二辰全者，大小不等，品种尤繁。"宋元时期多用生肖钱，以铜或铁铸造。辽代还出土过鎏金生肖。明清时期，在铜盆上有十二生肖形象。在小孩佩戴的长命锁上，也往往刻有十二生肖形象。

生肖的节日

SHENGXIAO DE JIERI

生肖不仅是纪时、纪属性的工具，人们对生肖还有一定信仰，形成各式各样的生肖节日。

（一）鼠节

老鼠本来是人类的死对头，但人们却用老鼠嫁女的节日敬重它，北方有的称"照虚耗"，时间不一，有十二月廿四、除夕、正月初七、正月十五等。

正月初十，河南过"石头节"，又称"十指节"。该日不准动石头、石磨、石碾子，石舂也不能移动，还要祭祀碾神、磨神、碓臼神、泰山石敢当。该日又称"石不动"、"十不动"。当天不能吃饭、菜，只能吃馍。这是什么节？多数人认为是老鼠嫁女节，不动石头，是担心惊动了老鼠，让老鼠安安静静过日子。山东还把瓦罐冻在石头上，然后抬瓦罐和石头，不掉石头为吉，该节也与石头节有关。

鼠油针扎

（二）牛节

牛是远古时代的狩猎对象，以取得肉食和皮毛。农业发明以后，牛又被驯育为耕畜，并且是人类的运输工具，因此牛是许多民族的崇拜对象。

山东地区每年七月七日，让耕牛休息一天，喂以好

牛头哨　泥塑　山东临沂

草好料，晚上，还把采集的野花拴在牛角上，认为耕牛对人类有功，又是牛郎的好伙伴。

青海地区汉族，每逢六月廿四日，男子要戴上牛面具跳舞，广大妇女也来围观。跳舞的男子有意进入妇女人群中，那个受男子依偎的妇女，必然会受胎生男孩。

各地民族过立春时，必鞭春牛，此处的牛也是春天到来的象征。

广西壮族在四月八日过牛王节。

该省侗族在六月六过洗牛节。

仫佬族在十月初一过牛王节。

佤族还有一个砍牛尾巴节。牛是某家捐献的，由摩巴主持，牛要绕主人家房子转三圈，然后由一人砍下牛尾，另一人镖牛，最后全村庆祝，乞求丰收。还在村内埋下牛尾巴桩。

普米族在正月初二过驾牛节，让牛耕地，然后让牛休息，喂饭食，在牛角上包红纸，以资庆贺。

傈僳族在六月五日过"洗牛节"。传说牛原在天上，看人间疾苦，从天上带来谷种，教人种庄稼。天神又降灾于人间，牛又求天神息怒，减少天灾。所以人们在六月初五为牛洗澡，供稀粥吃，报答牛对人类的恩情。

此外，土家族、瑶族、布依族、白族、黎族都敬牛王。

（三）虎节

在八月十五日，仫佬族举行虎日节，一般以村落为单位，杀公牛，取牛心，各户都出一份，作为祭祖之用，然后进行歌舞，乞求祖先保佑。该节是对虎祖先表示敬意。

广东过惊蛰时，也要祭白虎，认为虎为百兽之王，可镇压住各种虫害、兽灾。

对虎最为敬重的是西南地区的民族，其中以彝族为最，他们的十二生肖以虎为首，有的以虎为图腾，进行一定祭拜活动。

对虎也有反面祭祀，如浙江绍兴地区，每年正月十四日举行祭白虎活动。

白布彩绘布老虎　山东临沂

《协纪辨方书》引《人元秘枢经》："白虎者，岁中凶神也，常居岁后四辰。所居之地，犯之，主有丧服之灾。"当地请巫师设坛，祭祀白虎去灾，还以红线挂一张白虎图于门上，称"遣白虎"。

（四）兔节

对兔的敬仰也不少，如正月初一必在门上挂兔头，认为兔子可辟邪求福。但最富于诗意的是中秋节兔儿爷玩具。

远在汉代已经有立秋日。唐代有登台观月、泛舟赏月、饮酒对月。北宋太宗时定八月十五为中秋节，内容有祭月、拜月、赏月、吃月饼等活动。其中的兔儿爷最具节日特色。《北京岁华记》："市中以黄土抟成，曰兔儿爷，着花袍，高有二三尺者。"兔爷是泥塑的，外绘彩，多为兔首人身，也有兔子捣药者。儿童最喜欢兔儿爷，《都门杂咏》："儿女先时争礼拜，担边买得兔儿爷。"为什么兔儿爷这么流行？原来中秋节就是祭月的节日，月亮神为月亮码子，也有人说兔子就是月神，所以北京民间"祭兔成风"，与文献中说的"先时争礼

月光马　纸马年画　北京　王树村藏

汉族在二月二日过"龙抬头节"。当天清早，早早起床，汲好水缸，以草木灰从院外引到室内，称"引龙回"。然后在院内放鞭炮，焚香祷祝，祈求龙王保佑风调雨顺，五谷丰收，百业发达，家庭主妇做一桌子好菜，供全家团聚。当天不能动针线，怕扎了龙的眼睛。另外，五月五日端午节，赛龙舟也有祭龙的成分。

云南大理白族，每年八月初八，要进行祭白龙仪式，当天必杀羊，准备供品，然后去村外河边、树下祭拜龙王，

拜"是一致的，在古代铜镜中也常常有玉兔捣药一景。

（五）龙节

龙本来是一种民间信仰，把不少动物特征都汇集起来，形成一种想象化的神物。其实，中国远在史前已有龙，但各地的龙不一样。秦始皇有"祖龙"之称，刘邦自称为龙种，汉宣帝刘询以"黄龙"为年号，从此龙又有政治成分了。

龙　香包　甘肃庆阳

二蛇斗法 皮影 陕西渭南

保护丰收。

在其他民族中也有过二月二龙抬头的风俗。

(六) 蛇节

蛇在全国各地都有，以江浙尤甚。《资治通鉴》全二十册注说，蛇蛟"有脚，细颈有白婴，大者数围，卵生，子如二石大瓮，能吞人"。《史记集解》："越人于水中负人船，又有蛟龙之害，故置戈于船下，因此得名。"《说文解字》："南蛮，它（蛇）种，从虫，蛮声。"过去古代敬蛇，至今杭州、嘉兴、潮州称蛇为"天龙"、"天仙"。宜兴称"蛮家"、"苍龙"，当地敬家蛇，不准称其名。祭祀时"请蛮家"，以米制蛇状或人首蛇身为供品。四月十二为"祭蛇王"日。

(七) 马节

最突出的是东北三省，当地汉族认为六月二十三日为马王爷生日，建有马王庙，节日当天，杀猪宰羊，然后祭拜马王爷，据说马王爷可保佑六畜平安，交通顺利。

四川苗族在四月二十六日过养马日，连续三天，认为是对羊马的祭祀，也有人认为当地有杨、马二姓，过

红马 泥塑 河南浚县
王蓝田作

去抗击金兵有功，才兴起这个节日。至于苗族六月六日赛马节，则是另一种体育活动了。

（八）羊节

对羊的祭祀，以西北和西南的羌族最为突出。每年正月初五，羌族以石块垒成羊神偶像，各家都携带酒肉，到羊神祭坛附近祭祀，最后共餐。如果没有石羊神像，就挂一张羊毛毯为羊神象征。这些祭祀是对羌人祖先以牧羊为生的怀念。

云南白族在六月二十三"祭羊魂"，也设有羊神祭祀，或者挂一羊毛毡为信物，供品有猪头、鸡和馒头，然后在野外集餐，乞求羊群安全，茁壮成长。

甘肃民勤地区还有一种羊会，据说苏武牧羊至此，为羊饮水，人们为了纪念苏武而设立该节。

壁挂羊头　漆器　四川凉山彝族

河北南部在五月十三日流行舅舅为外甥送羊的习俗，先备活羊两只，后改为面塑之羊。传说古代有一个孝子沉香，以神斧劈开大山，救出母亲，而以山压母的却正是他舅舅，于是他母亲从中说情，舅舅以每年给外甥送两只活羊的代价换回了性命。

（九）猴祭

猴与远古人类生活有密切关系，如提供肉食、皮革。在农业社会初期，直到火耕农业阶段，猴对人类生活都有重要影响，因此猴可能是自然崇拜物之一，也许为某些民族奉为图腾。

目前保留对猴祭祀的两个民族：一是贵州的布依族，每年二月初二为动土的日子，家家户户都要做一种粑粑，选择作物种子，然后爬上山，打艾草，祭祀猴子。民众认为这是对火耕的怀念，祭祀过猴子，它们就不危害庄稼了。一是台湾卑南人，每年十月秋收必举行十天祭猴活动。头一天，少年男子从家取来稻米，住入公共会场，抹花脸，穿芭蕉衣，在部落周围奔跑，呼号，驱除鬼神。第二天，抬来关在笼子里的猴子，由祭司先射杀，后来少年男子也射杀，培养少年男子勇敢向前的精神，并把猴

美猴王　鬃人　北京　白大成作

子抬入公共会场，人们围猴尸跳舞，通宵达旦。

如果说头一阶段祭祀是提高少年的勇敢能力，第二阶段则进行狩猎实践。男子集中在祭司家，做噩梦者不能参加。祭司要诵念，左手持料珠，右手提酒瓢，并把料珠放在瓢内。祭毕，出发狩猎了，过河时，必把二草打为结，作为路标，放在路上，狩猎者一一跨过。入山后，搭一猎屋居住，前面搭一平台，供放大家所获猎物。再由一人占鸟卜，如鸟发出吉利叫声，大家就凯旋，慰问不久前死人的丧家。最后祭司为少年换上腰裙，宣布他们成年了，可以当一个合格的猎手了。最后举行赛跑比赛，看谁为快者，其他村民都前来围观，有些女孩从中选择意中人。

（十）鸡节

一想到鸡，总会想到金鸡报晓，"雄鸡一唱天下白"，"万家梦破一声鸣"。其实，雄鸡报晓仅仅是鸡的功能之一，此外鸡还有不少功能呢：第一在狩猎时代，

鸡 布贴 湖北

猎人早就驯育一种鸡媒，利用鸡媒鸣叫，引诱野鸡前来斗架，猎人借此捕获野鸡。第二，鸡善吃虫子，是益禽之一。第三，人类养鸡之后，以鸡肉充饥，以鸡蛋为食。第四，鸡是重要的宗教信仰对象，如利用鸡的鸡骨、鸡蛋进行占卜，以求吉凶祸福，从而决定人的行止。另外认为鸡也是辟邪工具，"贴画鸡户上"就是说明。由于鸡对人类有不少贡献，人类也崇拜鸡，我们在川滇摩梭人地区看见一种神鸡，翅膀上拴红布，严禁杀生。

（十一）祭犬

狗是人类最早驯育的动物，是人类的伙伴，主要协助人狩猎，又有护身、护家的作用，为某些氏族的图腾。

畬族每年举行两次祭祖活动，一次在春天二月二十五日，一次在秋季七月十五日。每个人参加祭祖活动越多越光荣。祭祖当天，打开祠堂大门，门前烧一炷名香，称"烧香路"，引导祖先归来。半夜子时放"三口灵"（铁铳）一声，全寨人都整衣出发，前来祭祀。丑时放"三口灵"二声，族长和助手们进入祠堂。天明时放"三口灵"三声，准备公祭。事前杀猪、羊，去毛供于桌上，附近放盐和四把刀，供四姓祖先享用。同时杀一白鸡，把鸡血滴在中柱和门槛上，据说有辟邪作用。族长面向大门，身背祖先，行三跪九拜礼，然后转身又行三叩九拜礼，这是先拜天地，后拜祖先。接着，族长主持讨论乡规民约诸事，然后翻看祖图、家谱，由老人宣布祖先业绩。最后以十人为一桌举行聚餐，称吃"太公饭"。其中的"太公"即犬图腾，而祖图就是畬族历史图卷，开头就是犬图腾的事迹。

泥泥狗 河南淮阳

除畲族外，有些民族也信犬图腾，如十月十六日，瑶族有"盘王节"。六月卅日，广西丹瑶白裤瑶举行"盘古祭"。仪式与畲族祭祖类似，只是仪式简化罢了。

（十二）猪节

在汉人东方朔所著的《占书》中称："凡岁后八日，一日鸡，二日犬，三日豕，四日羊，五日牛，六日马，七日人，八日谷。其日晴，则所生之物育，阴则灾。"认为正月初三为猪日，看当日天气晴阴以定吉凶。

猪在古代社会生活中，是重要的动产，所以当时以葬多少猪标志财富的多少，人死了手中要握玉猪，表示死后有钱生活好。在浙江临安地区，民间流行以最大的猪送给菩萨为荣，一到菩萨庙会，少者十几头猪，多者几十头猪，供给菩萨享用，但这些猪要一块宰杀，其中猪头留下做供品，猪身由主人带回家自食，据说这叫"大猪会"。

猪八戒　糖画　四川成都　樊德然作

著名的生肖传说

我国有许多十二生肖的神话、传说故事，由于数量大，难以一一列出，只能选若干著名的传说，加以介绍。

（一）老鼠嫁女

各地有不同的传说故事，鲁迅曾收藏一张广东佛山老鼠嫁女传说年画，还写了一篇散文《狗·猫·鼠》。当地传说，佛山每逢除夕为老鼠嫁女的日子，谚语说："大年除夕夜，老鼠嫁女时。"入夜老鼠打着鼓吹着喇叭，抬着鼠姑娘送亲。为了防止老猫来吃，还在猫窝放有鱼。在路口、墙角点着油灯，为老鼠送亲照明，直到新郎家。为此，当地生产一种老鼠嫁女年画，但年画左

老鼠嫁女　剪纸　陕西延川　刘洁琼作

上角还绘一只老猫，说明嫁女是假，送给老猫吃鼠才是目的。

这种传说年画是什么意思呢？原来鼠是农家一害，除捕鼠之外，也用传说、年画、巫术等来表达灭鼠之意，上述老鼠嫁女年画实际是一种灭鼠之举。

（二）牛郎织女

传说有一个牛郎，兄嫂对他不好，分家时他只得到一头老牛，艰苦度日。有一天老牛说话了，说天女要下凡洗澡，你把天女衣服藏起来，让她答应当你妻子。牛郎照老牛的话办了，结果娶天女为妻，还生一儿一女。后来天神大怒，把女儿召回去了。老牛死时说："我死后你穿上我的皮就能飞上天。"老牛死后，牛郎穿上牛皮，挑着孩子升上天空。正当牛郎织女相会时，天神令王母娘娘以金簪划一银河，又把牛郎织女分开了。后来，天神、王母娘娘可怜牛郎织女，只允许他俩每年在七月七日晚上相会。于是民间有了七夕节，纪念牛

牛郎织女　年画　山西

郎织女相会，还从织女处学针线、女红，少女们还玩七巧板，乞求智慧，乞求未来幸福。上述七巧节，又名少女节、女儿节、七夕节，但它不是中国的情人节，因为在长达两千多年的封建社会中，男女婚姻皆为"父母之命，媒妁之言"，男女在七夕节不言情，不谈情说爱。各个年画产地，都印制牛郎织女、王母娘娘划银河、牛郎挑子女搬家等年画。

（三）虎穴得子

这个故事由来已久，出于《东观汉记·班超传》。当时为汉代，汉朝为中原王朝，比较强大，但北方有一个以游牧为生的匈奴，极为凶悍，时常威胁汉朝。汉朝派班超率军到北方抗击匈奴，但久战不胜，将士都比较厌战。有一次班超与三十六个将士饮酒，大家喝得面红耳赤，情绪激动。班超趁机说："不探虎穴，不得虎子。"具体说，现在我们对匈奴的办法，唯有趁黑色夜里，以火攻击匈奴，这样，匈奴对我们的底细摸不清头脑，以为大军临阵，对他们压力极大。同时，突然火攻，攻其不备，一定使匈奴手忙脚乱，措手不及。这样我们的威武之师必胜，匈奴必败。

景阳冈武松打虎　年画　江苏苏州　王树村藏

这一典型故事，两千年来传诵不断，使其妇孺皆
知，童叟均晓，变成了广大民众的口头禅。其实，这种
励志故事不限于班超一人，如李广射虎、李逵杀虎救
母、武松打虎等等，都是民间不畏虎豹的典型故事。

（四）玉兔捣药

玉兔捣药，与后羿射日、嫦娥奔月、王母划河等都
是神话故事。《搜神记》、《淮南子》上都记载后羿偷西
王母的不死之药，嫦娥偷食之，奔往月宫。后来又说嫦
娥为羿妻，甚至是只蟾蜍。又传说嫦娥为月神，月为阴
精之宗，成为兔形。北京把兔儿爷视为月神，中秋节还
拜兔成风。又传说月宫极美，还有吴刚伐桂之说。玉兔
既然是月神，自然能制作长生不老之药，因此有玉兔捣
药之说。在考古上也有类似形象，但有两种：一种是两
只兔子，各持一把手杵，在一个石臼内捣药，汉代画像
石上有此图像；另一种是一只兔子，站在石臼旁边，双
手抱着手杵，在石臼中捣药。

李白《古朗月行》一诗说：

仙人垂两足，

桂树何团团。

玉兔捣药　剪纸　山东泰安　卢雪作

白兔捣药成，

问言与谁餐？

（五）九隆传说

在《汉书》中，有一个龙生诸子的传说。从前在哀牢山住着一个叫沙壹的少女，有一天她到河边玩，跳到河里去捉鱼，不小心让一根木头碰上了，从而怀孕，生有十子。后来，沙壹领长大的孩子到河边玩耍，水中跳出一条龙，对沙壹说："你为我生的孩子怎么样？"她叫孩子来认父亲，但其他孩子都被龙吓跑了，只有小儿子不怕，还摸龙的双角，拉着龙的胡须，最后骑在龙背上，与龙很亲密。龙也喜欢小儿子，伸出舌头舔小儿子。沙壹以为龙要吃小儿子，

龙太子　地戏傩面具　贵州安顺　杨正坤作

急叫小儿子别骑了，快点逃走。哀牢话"背"为"九"的发音，"坐"的发音为"隆"，从而叫小儿子为"九隆"。后来，九隆十兄弟，娶了后山的十姐妹，繁衍生息，自成一族，共推九隆为族长。

这个传说实际是黄帝、炎帝为龙子传说的延续，历代统治阶级也自称为龙的子孙，实际是传说而已。

（六）人首蛇身

翻开中国古代史，尤其是文物，其上有许多人首蛇身形象。人与蛇结合为一，这是什么意思呢？原来，蛇是古代越人的图腾之一，它又是中原远古居民的重要图腾，认为始祖母与蛇交合后，才生育了人类。在远古和古代的女娲、伏羲、轩辕形象上，都是人首蛇身。尧帝的母亲庆都与赤蛇合婚而生尧，夏后氏也为人首蛇身。这些都是蛇图腾的反映，只是其年代极为久远，具体情节已经不太明白了。关于蛇人的最大传说是《白蛇传》，这是中国民间四大传说之一，编成不少戏曲和电影。这个传说讲的是白蛇娘娘与书生许仙的故事，两人在西湖畔，以借伞传情，互相爱慕，最后结为夫妻，但遭到法海和尚的种种阻

白蛇传:灵丹救夫　年画　天津杨柳青

拦和破坏，最后法海和尚趁白蛇娘娘产后身虚，用金钵把白娘娘压在雷峰塔下，把白蛇与许仙、儿子活活拆散，造成了人间悲剧。民众则极为同情。上述《白蛇传》故事，乃是远古蛇图腾的延伸，也是对封建时代爱情多遭摧残的同情。

（七）天马行空

远古的马有双翅，地上能跑，天上能飞，水中能游，因此成了玉帝御马。但是它很骄横，一怒之下跑到东海闯龙宫，把守门的神马踢死了。玉帝知道后削去了天马的两翼，压在昆仑山下。后来人祖跑到昆仑山，天马知道了，并喊"救救我！"人祖知道后，砍掉山上的桃树，把天马救出来。天马为了答谢人祖的搭救之恩，并愿为人类服务，如拉车、驮物、耕地，发生战争时供人骑用，因此成了人类的好朋友。玉帝在选择十二生肖时，认为人类较早驯育了天马，它又甘心为人类服务，于是玉帝把马也列入生肖，成为第七位，即午马。

马是人类最早驯育的牲畜，变成生肖是很自然的，

天马　纸马年画　湖南

但是所谓有翼的天马，则与西域传来的汗血马有关，但当时也无双翼。不过，中亚和欧洲的神话中，却认为神马必有双翼，这种图案在欧洲、中亚都有，并传入中国，所以在唐代金银器中多有翼马、翼兽。民间传说把不同时代的马形象都混合为一了。

（八）亡羊补牢

从字面上看，这个成语很简单，就是羊跑了，赶快修筑羊圈，实际上它有一个故事：

战国时期，在南方有一个强大的楚国，楚怀王听信了张仪的花言巧语，他独自去秦国被囚禁了。怀王子襄王只期盼父王回来掌权，不思进取，也不攻打秦国。大臣庄辛劝襄王，但襄王不听取，庄辛就到赵国去了。事后秦国攻来了，连楚国都城郢都也被攻下。襄王外逃，这时才把庄辛请回来，立志重振楚

国。从《战国策·楚策》上看庄辛又劝襄王，说："亡羊补牢，未为迟也。"于是楚国修明政策，加强军力，重新壮大起来，赶走了秦军，把首都郢城也收回来了。

这个故事说明，办事出了问题以后，不必惊慌，要冷静思考，设法补救，免得再受损失，楚国的例子是最好的说明。

（九）猴入生肖

最初入生肖并没有猴子，但猴子能钻营，后来混入生肖中。民间还有一段传说：

在山林中，虎为百兽之王，只有老虎不在时，猴子才取而代之，所以民间有"山中无老虎，猴子称大王"的谚语。有一次老虎在山上被猎人的虎夹子夹住了，千呼百叫也没人理，后来让猴子解开了。由此看来，猴子对老虎有救命之恩，老虎说一定报答。但是猴子小事不求老虎，当玉帝排列生肖时，没有把猴子排上，认为生肖应对人类有功。这时，猴子找老虎帮忙，老虎在玉帝前苦口婆心地劝玉帝，说猴子机灵，我不在时常常代我行事，把猴子排入生肖吧。玉帝听从了老虎的意见，猴子成为

猴戏牛　剪纸　山东高密　范祚信作

生肖之一。在十二生肖中，猴子排在第九位，在一天的时辰中，相当于申时，即下午3点至5点，人们称此时为猴时、申时，据说当时是猴最爱叫的时候。明人李长卿在《松霞馆赘言》中说："申时，日落而猿啼，且伸臂也。譬之气数，将乱则作横行，故申时属猴。"

（十）金鸡报晓

在民间谚语中有不少金鸡报晓的内容，如"万家梦破一声鸡"、"雄鸟一唱天下白"。古代计时工具落后，民间又不流行，所以每天黎明时节，公鸡一叫就标志一天之始，人们起床后"日出而作，日落而息"。传说东晋有一个名叫祖逖的人，初期不喜欢读书，后来觉醒，努力读书，当了大官。他听到早晨鸡叫以后，就起来到院中练剑，于是有"闻鸡起舞"的谚语，以此勉励人要奋发图志。后来祖逖带兵有方，渡过长江，把东晋在北方的失地收复回来，成为历史有名的战将。《韩诗外传》中称鸡有五德：文德、武德、勇德、仁德和信德，金鸡报晓就是信德的反映。

现在科学研究说明，在雄鸡大脑和小脑之间，有一

金鸡报晓　剪纸　浙江乐清　林邦栋作

个松果体，能分泌出对光线特别敏感的褪黑激素，当鸡受到晨曦刺激，褪黑激素停止活动，公鸡必然进行鸣叫，从而形成有规律的"金鸡报晓"现象。

（十一）盘瓠故事

狗，古代称盘瓠，是古代畲族、苗族和瑶族的图腾，其中以畲族为最，并且一直保留至今。

传说古代盘瓠兽帮助高辛氏平定了外患，立了奇功，高辛氏把公主嫁给了盘瓠。后来盘瓠两夫妻迁往深山，以狩猎为生，生了三男一女，长子姓盘，次子姓蓝、三子姓雷，女婿姓钟。

畲族有不少用汉字写的历史书籍，如《龙王头书》、《盘瓠世考》、《钟氏宗谱》、《汝南蓝氏宗谱》、《雷氏宗谱》等，都是记载畲族历史和盘瓠图腾的史书。他们还利用上述记载绘制了《祖图》，又称《太公图》、《盘瓠图》，长二三米，宽十多厘米，实为连环画式的长卷。此外还有祖杖（初为犬形，后改龙形）、祖师杖、祖师牌位、龙刀、神刀、乐器等。每年春节和特定节日，族人必须把祖图挂出来，展示于祠堂，供家族供奉，举行一些神秘的仪式。上述盘瓠故事应该是古老的狗图腾信仰的残余。

（十二）肥猪懒人变

关于猪为生肖，还有一个传说呢：古时候，有一个员外，家资万贯，花甲之年才得一子，合家欢喜，亲朋共贺。为此员外设宴庆贺。席间有一相士，看了孩子，连声称赞："将来必是大福之相。"老人疼爱有加，小孩也衣来伸手，饭来张口，不习文武，游手好闲。孩子成年后，父母双亡，家道败落，奴婢四散，财产卖光，这孩子最后饿死房中。但他阴魂不散，还去阴间向阎王告状，说："我本是富贵之人，为什么悲惨而亡？"阎王听了，感觉奇特，特意把案子上交，请玉帝定夺。玉帝找来家庭之神——灶王，问："其人为什么惨死房中？"灶王说："不怨天、不怨地、都是他自己搞的，他成天不思正事，坐吃山空，家道再富也会穷的。"玉帝听了大怒，令下属将他发落人间，天天吃粗糠。但当事人把"吃粗糠"误听为"当生肖"，于是把他变成一头猪，吃糠咽菜，还误当上了生肖。

生肖流行语

福猪 泥彩塑 江苏无锡 刘刚塑 闵敏彩绘

人类在生活中，无时无刻不与生肖打交道，人们也常常以生肖比喻一些事件、人物动作，于是形成不少盛行的成语、格言、歇后语。我们以流行语为题，选择一些比较有代表性的流行语，加以介绍。

(一) 子鼠流行语

有关子鼠的流行语是比较多的。

1. 成语

鼠目寸光

鼠牙雀角

鼠肝虫臂

孤雏腐鼠

鼷鼠饮河

首鼠两端

抱头鼠窜

胆小如鼠

鼠肚鸡肠

猪八戒背媳妇 泥塑
山东高密

鼠首愤事

投鼠忌器

老鼠过街

人人喊打

2. 农谚

栽秧到小暑，收获不够喂老鼠

插秧插得迟，收成喂老鼠

牛眠三麻，狗眠四粟，清明谷雨，

饿死老鼠

布谷雨，不够喂鼠

3. 歇后语

老鼠过街——人人喊打

鼠上秤砣——自称自

老鼠洞里耍大刀——难有所为

鼠狼生耗子——一代不如一代

骑鼠要手艺——威风不了

狮子捉老鼠——大材小用

鼠舔猫屁股——找死

猫哭耗子——假慈悲

老鼠找仓——投其所好

一粒鼠屎——坏了一锅汤

（二）丑牛流行语

丑牛类流行语，主要是成语，还有
一些农谚。

1. 成语

牛衣对泣

归牛放马

吴牛喘月

对牛弹琴

牛刀小试

宁为鸡口，

不为牛后

牛不喝水强按头

牛鬼蛇神

牛黄狗宝

牛马不如

牛毛细雨

牛头马面

如牛负重

土牛木马

卖猪的夸富，

卖牛的哭穷

横眉冷对千夫指，俯首甘为孺子牛

牛头不对马嘴

呼牛作马

做牛做马

九牛二虎

2. 农谚

耕犁千亩实千箱，

力尽筋疲谁复伤

斗上撮，牛下田，

草上树，田犁完

谷种落了泥，

耕牛断了犁

牛是草造,

禾是粪造

（三）虎流行语

1. 成语

狼怕鞭，虎怕圈

虎口余生

如虎添翼

龙行虎步

龙盘虎踞

虎视眈眈

虎啸风生

虎背熊腰

虎口拔牙

羊入虎群

龙潭虎穴

虎毒不食子

龙生云,

虎生风

伴君如伴虎

坐虎　泥塑　陕西凤翔　胡深作

山中无老虎，

猴子称大王

两虎相斗，

必有一伤

给虎拜年有去无回

2. 歇后语

老虎吃草——装驴

老虎下山——来势汹汹

老虎跳舞——张牙舞爪

老虎打哈欠——口气真大

老虎吃素——专啃硬骨头

老虎吃羊——弱肉强食

虎鼻上插葱——装相

虎当和尚——人面兽心

虎的朋友——没善兽

虎进口袋——找死

虎口拔牙——凶多吉少

（四）卯兔流行语

1. 成语

见兔顾犬

玉兔银蟾

玉兔捣药

守株待兔

兔死狐悲

兔死犬饥

见兔放鹰

兔死狗烹

兔起鸟沉

兔角牛尾

兔毛大伯

2. 歇后语

兔子逃跑——不回头

兔子不吃窝边草——不伤邻居

兔子的嘴——三片

兔子尾巴——长不了

兔子拉犁——心有余而力不足

兔子转山坡——迟早回窝

兔子跟月亮跑——沾光

兔子耳朵——听得远

兔子看人——眼红

（五）龙流行语

1. 成语

龙颜大怒

乘龙快婿

龙头蛇尾

龙盘虎踞

龙腾虎跃

龙行虎步

龙生九子

龙飞凤舞

望子成龙

真龙天子

兔　布堆画　陕西安塞　侯雪昭作

群龙无首

生龙活虎

龙潭虎穴

叶公好龙

2.农谚

分龙遇夏至，

有秧不使莳

麦田舞龙灯，

来年吃不尽

二月二龙抬头，

天上下雨地下流，

家家户户吃猪头

 （六）蛇流行语

蛇蝎心肠

佛口蛇心

引蛇出洞

打草惊蛇

拨草寻蛇

虎头蛇尾

画蛇添足

笔走龙蛇

春蚓秋蛇

牛鬼蛇神

人首蛇身

强龙压不住地头蛇

见到蛇脱皮，

不死亦脱皮

（七）马流行语

马首是瞻

一马平川

害群之马

塞翁失马

金戈铁马

犬马之劳

马放南山

单枪独马

马翻人仰

人困马乏

牛头马面

老马识途

快马加鞭

兵荒马乱

青梅竹马

招兵买马

风牛马不相及

伯乐相马

（八）羊流行语

1. 成语

顺手牵羊

羊入虎口

使羊将狼

问羊知马

牧羊读书

羊肠小道

羊羔美酒

养羊剪毛

十羊九牧

羊质虎皮

亡羊得牛

羊肠小径

羊毛出在羊身上

苏武牧羊

亡羊补牢，

未为迟也

三羊开泰

挂羊头，卖狗肉

2. 农谚

六月六阴，牛羊贵如金

十二生肖　面花　山西定襄

要种姜，

一饲羊

（九）猴流行语

1. 成语

心猿意马

树倒猢狲散

猿猴取月

教猿升木

狓猴骑土牛

杀鸡吓猴

猢猴入布袋

猴啼鹤唳

尖嘴猴腮

2. 歇后语

花果山上的猴子——无法无天

猴子的脸——说变就变

猴子爬树——拿手好戏

猴子耍刀——胡砍

猴子照镜子——内外不是人

猴子屁股——坐不住

猴子长角——出洋相

猴子放爆竹——自放自惊

猴子捞月——空忙一场

猴子爬杆——上蹿下跳

（十）鸡流行语

1. 成语

鸡犬升天

鹤立鸡群

鸡鸣狗盗

呆如木鸡

鸡口牛后

杀鸡用牛刀

山鸡舞镜

鸡犬之声

闻鸡起舞

鸡骨支床

嫁鸡随鸡

鸡争鸭斗

牝鸡司晨

鸡皮鹤发

狗肝鸡肠

杀鸡取卵

鸡犬不留

鸡犬不宁

鸡零狗碎

偷鸡摸狗

鸡胸龟背

杀鸡儆猴

2. 农谚

芒种种高粱，

不如喂母鸡

养鸟不如养鸡

夏至不栽禾，

割了喂鸡鸭

霜降不打禾，

一夜变个抱鸡窝

天河南北，

饿得直哭；

天河东西，

白米喂鸡

（十一）狗流行语

1. 成语

鸡犬不宁

画虎类狗

二犬对谈

十二生肖　剪纸　内蒙古包头　刘静兰作

狐朋狗友

骂鸡骂狗

鼠窃狗盗

丧家之犬

鸡犬不惊

猪狗不食

来猪穷，

来狗富，

来猫长大包

2. 歇后语

狗咬吕洞宾——不识好人心

狗咬狗——两怕

狗咬范丹——无人问

狗捉鼠——多管闲事

肉包子打狗——有去无回

狗咬狗——一嘴毛

狗掀门帘——全靠嘴

狗咬鸭子——呱呱叫

3. 农谚

狗咬叫花子,

虫咬薄禾子

三月雷,

狗扎白米堆

二月韭菜正可口,

六月韭菜臭死狗

(十二) 猪流行语

1. 成语

肥猪拱门

辽东白豕

一龙一猪

猪狗不如

封豕长蛇

狗彘不食其余

泥猪瓦狗

牧猪奴戏

寄豭之猪

信及豚鱼

景升豚犬

鸡豚之息

行同狗彘

彘肩斗酒

见豕负涂

狼突豕突

牧豕听经

三豕涉河

豕亥鱼鲁

2. 歇后语

猪八戒吃了磨刀水——心里锈

猪八戒吃人参果——全不知其味

群猪争食——互不相让

猪八戒吃西瓜——独吞

请客不请母猪——一个顶俩

3. 农谚

穷人靠养猪,

富人靠剥皮

猪是家中宝,

粪是地里金

猪尿禾,

猪龙　面塑　山西新绛　王文华作

牛骨谷

多收粮食多收草，

猪有糠来牛有草

人生礼俗中的

生肖

在人生的五大礼俗中，包括诞生礼、成年礼、婚礼、寿礼和葬礼，都与生肖结下或多或少的关系，这是生肖文化的重要方面。

（一）诞生礼

属性自人呱呱落地就确定了的，不会改变。诞生礼还有其他种种风俗。

我国台湾省高山族生小孩以后，要烧一块猪皮，猪油四溢，先以猪皮抹小孩的嘴，然后再用猪皮抹其他家人的嘴，这样做标志小孩与家庭所有成员共食而生，和和美美。

云南德昂族生小孩时，由家长为孩子起名字，用傣文写在贝叶经上，包括年月日和孩子名字，然后藏于室内黑暗处，一般家人都找不到。将来该人寿寝后，把那页贝叶经取出来，献给寺院，用以超度亡灵。

陕西关中地区，广大汉族生小孩时，满月之日，舅父家必送一双布老虎鞋；当进入小孩家门内，必去掉一段虎尾，丢于门外。此举的用意：一祝愿孩子像老虎一样，健康成长，长大以后虎头虎脑，像一位真正的男子汉；二是去掉虎尾，认为去掉虎尾能去祸减灾。汉族流行的虎头帽、虎头鞋，也有类似愿望。

过百日时，各地汉族都给小孩戴长命锁，以西北地区为盛。起初以红黄蓝彩线编制长命锁，其中打一个属性结，下吊几个铜钱。后来改用银打的长命锁。还有一个规矩，每年都给小孩一个彩线制的长命锁，一年换一次，到十二岁时，把所有的长命锁都解开，编一条腰带，让孩子扎上使用，直到结婚才改用新腰带。

有不少民族喜欢在帽子上插一定动物羽毛，如鸡毛，普米族在帽子上插猴尾，以此作为民族的吉祥标志。

湖南土家族小孩病了，认为是白虎在捉弄幼小的生命，必请巫师解救。巫师在院内桌子上拴一只白鸡，象征白虎，然后，巫师在室内念经，驱除白虎，如果白鸡叫了，说明白虎也走了，小孩自然会康复如初。

（二）成年礼

在川滇地区居住的摩梭人、普米族流传着人与狗调岁数的故事。传说原来狗能活到60岁，人只能活到12岁，想起来十分悲伤。狗看人很可怜，立志要同人调个岁数，但狗提出一个条件：人必须管我吃。对这一条件人是没有意见的。于是人能活到60岁，狗才能活12岁。但人为了纪念上述变动，流行女的穿裙子礼，男的穿裤子礼。

上述人狗调岁的传说，当然不足为信。真正原因是一个人到了成年必须举行一定仪式——成年礼。我国不少民族都保留了成年礼的残余，以泸沽湖地区的摩梭人为最丰富。

摩梭人认为，从诞生到十二岁，无论男女，都是未成年，他们还没有灵魂，还不能走婚，也不能正式劳动，男女一律穿一件麻布长衫，仅头饰有区别：男孩光头，女孩留一小辫，上有串珠。到了12岁那年的春节，所有刚成年的人，都要举行成年礼，地点在母系亲族房内中柱下举行。以男孩为例，必在男性中柱下举行，下边踩着猪膘（相当于整个腊猪肉）和粮食口袋，左手拿银元，右手拿尖刀。这些物件象征男孩勇敢，生活富裕。仪式要由舅父主持，脱掉少年的长衫，改穿上衣下裤，戴藏帽，穿皮靴。女孩的仪式由母亲主持，她也踩在猪膘和粮食口袋上，右手拿着装饰品，左手握着织布的梭子，也脱去长衫，穿上上衣下裙，戴大包头，宛如成年女性装饰一样。

改装易服之后，请达巴巫师向祖先、灶神祷告，要在成年人脖子上拴一根羊毛线，作为吉祥物。成年仪式结束后取下羊毛线，挂在神龛上的竹竿上，认为这样就把少年拴在祖先手上，能安全生活，还不忘祖先的游牧生活。最后，还要把狗叫到屋里，少女或少男必须亲手给狗喂一团米饭和一块肉，对狗感激地说："原来人只能活12岁，你能活60岁，我们换了岁数，人才能长命百岁，这要感谢你呀！"说毕，还要做一下亲昵狗的动作。平时他们也不打狗，更不能吃狗肉，表明狗与人类有密切的关系，成年礼就是对狗的怀念。成年者还向祖先、灶神和亲友叩头。主人以酥油茶、粑粑、瓜子待客，客人临别时也向主人送礼，如丝线、纺织工具、衣服等。

在金沙江边居住的摩梭人，也举行成年礼，但少年要握一矛，没有父亲，则请达巴占卜选人。达巴根据十二生肖，把人分为四组：第一组为牛、蛇、鸡；第二组为虎、马、狗；第三组为猴、龙、鼠；第四组为猪、羊、兔。凡属同一组属相的人，均可主持成年仪式。

摩梭人成年礼不是孤立的，汉族古代有"二十而冠，十五而笄"，这就是成人礼。至今在广东还有出花园的仪式，应该是成年礼的遗风。但各民族成年时间有别，如普米族在13岁；高山族在12岁；瑶族也在12

岁；彝族在 17 岁等等。尽管如此，都与生肖文化有关。

(三) 婚礼

婚礼是人生的第三大礼，也是人生五礼中的最大者。

订婚是首先遇到的问题，旧社会是"父母之命，媒妁之言"，但它也有一定的规则，这就是生肖的搭配。民间巫师把五行与生肖结合起来，进行婚配。其中分两类：一类是属相相合，可以结婚，如"蛇盘兔，必定富"。另一类属相相克，不能结婚，如"兔龙结冤仇"、"鸡兔泪长流"、"金鸡怕玉兔"等。但其他民族说法略有不同，彝族认为"虎来吃鸡羊"、"猴龙鼠相合"等。其实属相仅是纪年方法，以此合婚误害了不少年轻人的爱情。

在迎娶仪式中，也有许多与生肖有关的现象。

中原汉族在婚前一定由男方送女方一块"离娘肉"，15 公斤左右。有的地区根据女方亲戚多少，分别送一块猪肉。有的地方送猪后腿，称"有腿去，有腿来"，尽管女儿嫁出去了，还会经常来往。在腊月二十三日，男方还要给女方送一块"离娘肉"，作为求婚之礼。

关中地区有一种"礼吊"风俗，男方要送给女家一对猪蹄和一块猪肉，女方仅收猪肉，退回猪蹄。婚后第二天，新人带上双份挂面、猪蹄回娘家，娘家仅收下挂面，退回猪蹄。上述的送、退猪蹄，实为"蹄蹄来，蹄蹄去"，象征两家友好往来，勤走不断。

广东在花轿前挂一块猪肉，称"吊猪"，认为一路上花轿会遇上各种拦路鬼，"吊猪"是供他们吃的，特别是罗猴更为严重，遇到花轿必来偷袭。明人李陵就想出此法，遇到罗猴来袭，就给罗猴丢猪肉，由此形成了"吊猪"风俗。

陕西华县迎亲时，男方的舅家，必蒸一对老虎馍，以红线串在一起，新娘一进门，必须把老虎馍挂在脖子上，好像项链一样佩戴，进门后，两新人共同食用。

贵州西北地区有些苗族，婚礼中必牵来一头牛，新娘要像勇士一样，冲上去把牛尾砍下来，新郎也不示弱，也冲上去把牛尾夺回来，否则两人结婚只能告吹。缺乏勇气和智力，是结不了婚的。

在回亲时，广东流行带一只烧猪，

猪必染红，象征女子如玉、纯洁。刘家椿《岭外杂录》："闻港，谁教臂印红，洞房花影总朦胧，何人为定青庐礼，三日烧猪代守宫。"其中流传"守宫点臂"故事，赞扬女子的贞洁性德。

（四）寿礼

在古代铭文中已有寿字，周代已经有一套敬老制度。汉代要为80岁老人送布帛酒肉。其中每月一石米、20斤酒。后来也为老人设有空的官衔，有减税、减刑规定。中国的九月九日重阳节，就是敬老节，提倡登山、赏菊、喝寿酒。在历史上，长寿的象征是老子、彭祖、张果老，女性的象征是麻姑、西王母。王充《论衡》说："上寿九十、中寿八十、小寿七十。"人们认为老而寿，寿而尊，尊而贵，贵而福。人老了，必须举行寿礼，其中以六十花甲寿和七十古稀寿最著名，必须举办寿宴，为老人献寿桃、寿面、寿酒。乾隆所办的"千叟宴"最为人们所传颂。在寿礼中，最崇拜的事物有龟、鹤、松、柏，但是生肖中也有用作祝寿的，如河间剪纸中有"双猴祝寿"、"八虎祝寿"。比较流行的寿联如下：

桃熟三千，老从星旭；

寿先九十，四化歌喧。

花甲重开，外加三七岁月；

古稀双庆，内多一个春秋。

万寿无疆，普天同庆；

三军败绩，割地求和。

名高北斗，寿比南山。

持松作春，古鹤同修。

鹤发童颜，老当益壮。

二老共道，双寿齐祥。

在给老人祝寿的同时，有些老人多病，也留有不少风俗，如老人养生术的推广。也有讲迷信的，黎族发现老人生病，是祖先鬼作祟，其中又分大中小三种。如老人小病小灾，认为是中等祖先来找吃的，必须杀猪祭祀，把猪作为敬祖先鬼的食品，病很快就好。如果老人久病不愈认为是犯了大祖先鬼，或有小祖先鬼来找吃的，必须杀牛、鸡，认为这些祖先鬼是"吃牛鬼"、"吃鸡鬼"，必须及时供应，祖先鬼才会退去，老人才能康复。

（五）葬礼

在汉族和某些少数民族中，葬礼必用生肖，有两种情况：

一种为杀牲，把牛、马、羊、猪、鸡等宰杀后，作为祭品，献给死者。其中有些相当隆重，如泸沽湖地区的摩梭人，葬礼必须举行洗马仪式，把马洗干净，才能以马当殉葬。

一种为引魂动物，如汉族有引魂鸡，纳西族在木棺上放一猴，让猴子当领魂动物。民间信仰认为，人死灵魂还存在。灵魂何处去，多数民族认为亡灵要回到祖先居住的地方。但过去的老路已不认识，必须有一种动物带领亡灵，才能使亡灵回到祖先居住地。在我国西南，如彝族、纳西族、普米族、藏族都有类似领魂动物，其中藏族支系——尔苏人——还绘有长卷、画面近百幅，是巫师念经时使用的，一步一步地把亡灵送回故乡，而前边必须有一只引魂鸡。丽江纳西族老人死后，进行火化，然后在院内跳舞。舞毕，众人向骨灰和亡灵告别，进而牵来一牦牛，东巴往牦牛耳内倒酒，牦牛跳动而去，认为死者喜欢此牛，能领他回到故乡，否则再牵其他牦牛进行占卜，直到选好领魂牦牛为止。